Samenkorn

Lothar Gassmann

Die sieben Siegel

Ouvertüre zum Finale

Bibel aktuell

Reihe Offenbarung Band 2

Samenkorn

Hinweis:

Die Auslegung der Offenbarung wurde vom Verfasser zunächst frei nach Stichworten im Verlauf mehrerer Bibelwochen vorgetragen, sodann von verschiedenen Geschwistern vom Band getippt und abschließend vom Verfasser bearbeitet und korrigiert. Der Redestil wurde beibehalten.

1. Auflage 2010

Christlicher Schriften- und Liederverlag
Liebigstr. 8, 33803 Steinhagen, Germany

Umschlag Foto:	Lothar Gassmann (Insel Patmos)
Umschlag Gestaltung:	Werner Fürstberger
Zeichnungen:	Irina Schulz
Satz:	Samenkorn e.V.
Druck und Bindung:	C.H.Beck, Nördlingen

ISBN: 978-3-936894-80-6

Inhalt

Einblicke in Gottes Herrlichkeit

Offenbarung 4

Die offene Tür zum Himmel

Danach sah ich, und siehe, eine Tür war aufgetan im Himmel. Und die erste Stimme, die ich gehört hatte mit mir reden wie eine Posaune, die sprach: Steig herauf! Ich will dir zeigen, was nach diesem geschehen soll. Alsbald kam der Geist über mich und siehe, ein Thron war gesetzt im Himmel und auf dem Thron saß Einer. Und Der da saß, war anzusehen gleich wie der Stein Jaspis und Sarder und ein Regenbogen war um den Thron, anzusehen gleich wie ein Smaragd.

Der auf dem Thron sitzt, ist Gott der Vater. Gott wird mit Edelsteinen verglichen, ein Bild für Seine Reinheit und Schönheit. Gott selber ist für keinen Menschen zu sehen, aber Johannes erhält hier eine Schau von Gottes Herrlichkeit. Der Regenbogen, das Zeichen des Bundes mit Noah, steht dafür, dass die Menschen wieder zu Gott kommen dürfen, dass Gott gnädig ist.

24 Throne mit 24 Ältesten

Und um den Thron waren 24 Throne. Und auf den Thronen saßen 24 Älteste mit weißen Kleidern angetan und hatten auf ihren Häuptern goldene Kronen.

Zu dieser Stelle wird viel gemutmaßt. Wenn ich Erläuterungen - nach bestem Wissen und Gewissen - dazu gebe, so müssen auch diese anhand der Heiligen Schrift nachgeprüft werden. Wir haben hier, das darf man nie vergessen, Einblicke, die geheimnisvoll sind. Hier sind 24 Älteste genannt. 24 ist zweimal 12. Die Zahl 12 spielt in der Bibel und besonders in der Offenbarung eine große Rolle. Die Zahl 12 steht für die Vollkommenheit. Die 24 Ältesten setzen sich zusammen aus den 12 Repräsentanten der zwölf Stämme Israels (Juda, Benjamin usw.) **und** den 12 Aposteln des neuen Bundes (Johannes, Matthäus usw.). Diese sitzen nun auf Thronen im engsten Kreis um Gott, welcher in der Mitte ist. Gott ist im Zentrum. Niemals nehmen Menschen den Platz Gottes ein, aber die 24 Ältesten sind gewürdigt, ganz nahe bei Gott zu sein. Die weißen Kleider drücken die Reinheit aus, welche erworben wurde durch das Blut des Lammes Jesus Christus. In Gottes Gegenwart und Licht können nur gereinigte Menschen sein. Die goldenen Kronen auf ihren Häuptern sind die Kronen der Überwinder, die durch Anfechtungen, Leid, Verfolgung und Prüfung gegangen sind. Es sind die, welche überwunden haben durch des Lammes Blut.

Blitze, Stimmen und Donner

Und von dem Thron gingen aus Blitze, Stimmen und Donner.

Diese Ereignisse - Blitze, Stimmen und Donner - begleiten oft die gewaltigen Gotteserscheinungen, so auch schon am Berg Sinai im Alten Testament (2. Mose 19). Sie bekunden Gottes Gegenwart. Schon ein Gewitter ist ein gewaltiges Erlebnis. Vor dem Thron Gottes wird dieses unübertrefflich sein. Diese Erscheinungen stehen sicherlich auch mit dem Gerichtshandeln Gottes in der Offenbarung in engem Zusammenhang. Gott kündigt bereits hier Sein Gericht über die Sünde, über das Böse, über die antichristlichen Mächte der Endzeit (Offb. 13 und 17f) an.

Die sieben Geister Gottes

Und sieben Fackeln mit Feuer brannten vor dem Thron, welche sind die sieben Geister Gottes.

Hier begegnet uns die Vollzahl **sieben**. Auch sie symbolisiert wie die Zwölf Vollkommenheit. Die Sechs hingegen ist die Zahl des Menschen. So ist 666 die gesteigerte Zahl des anmaßenden Menschen und so auch die Zahl des Antichristen (Offb. 13,18). Sechs, das ist sieben minus eins: der Mensch ohne Gott! Möglicherweise stehen die sieben Geister für Engelwesen oder - wahrscheinlicher - als Ausprägung der Wirkungen des Heiligen Geistes gemäß Jesaja 11,2.

Und vor dem Thron war es wie ein gläsernes Meer, gleich dem Kristall ...

Im Tempel im Alten Bund gab es ein ehernes Meer. Dies war ein Becken, mit Wasser gefüllt zum Zwecke der Reinigung. Wer zu Gott tritt, der muss erst gereinigt sein. Um vor Gottes Thron zu treten, muss man erst durch dieses Meer der Reinigung schreiten. Auch der Kristall symbolisiert diese Reinheit.

Vier Engelwesen am Thron

... und mitten am Thron und um den Thron vier himmlische Gestalten voll Augen vorne und hinten.

Bereits der Prophet Hesekiel im Alten Bund schaute vier Gestalten um Gottes Thron (Hesekiel 1). Es sind Wesen, die in unmittelbarer Nähe Gottes sein dürfen. Hesekiel beschreibt sie folgendermaßen: **Die erste Gestalt war gleich einem Löwen, die zweite gleich einem Stier, die dritte hatte ein Antlitz wie ein Mensch und die vierte Gestalt war gleich einem fliegenden Adler.**

In der Kirchengeschichte hat man diese Stelle immer wieder symbolisch auf die vier Evangelisten bezogen, da sie den Herrn Jesus von vier verschiedenen Aspekten her verherrlicht haben. So wurde der Löwe Matthäus, der Stier Markus, der Mensch Lukas und der Adler Johannes zugeordnet. Aber sicherlich handelt es sich vom ursprünglichen Textzusammenhang her um Engelwesen.

Dreimal heilig

Und eine jegliche der vier Gestalten hatte sechs Flügel und sie waren außen herum und inwendig voll Augen und sie hatten keine Ruhe Tag und Nacht und sprachen: Heilig, heilig, heilig ist Gott, der HERR, der Allmächtige, Der da war und Der da ist, und Der da kommt.

Gott selbst spricht ja in 2. Mose 3 bei der Offenbarung am Dornbusch zu Mose: **Ich bin, Der Ich bin; Ich werde sein, Der Ich sein werde.** Der da ist, Der da war und Der da kommt: Gott ist allumfassend in Raum und Zeit, von Ewigkeit zu Ewigkeit, A und O, Anfang und Ende; unbegreiflich groß. Er hat das Universum geschaffen. Es gibt unzählbare Galaxien. Schon unser Sonnensystem ist für uns überwältigend an Ausdehnung und Schönheit, und die Lichtpunkte, die wir nachts sehen, sind - bis auf die Planeten unseres Sonnensystems - Sterne von anderen Galaxien. Und unendlich majestätischer und unfassbarer ist der Schöpfer der Welt!

Heilig, heilig, heilig ist Gott, der HERR: Dreimal heilig! Hier begegnet uns auch ein Hinweis auf die Dreieinigkeit: Gott Vater, Sohn und Heiliger Geist.

Ehre dem König der Könige!

Und wenn die Gestalten gaben Preis und Ehre und Dank Dem, Der da auf dem Thron saß, Der da lebt von Ewigkeit zu Ewigkeit, fielen die 24 Ältesten nieder vor Dem, Der auf dem Thron saß und beteten Den an, Der da lebt von Ewigkeit zu Ewigkeit und legten ihre Kronen nieder vor dem Thron und sprachen: Herr unser Gott, Du bist würdig zu nehmen Preis und Ehre und Kraft. Denn Du hast alle Dinge geschaffen und durch Deinen Willen haben sie das Wesen und sind geschaffen.

Die Ältesten ehren Gott und nicht sich selbst, obgleich sie auch auf Thronen sitzen. Es sind Könige, die den höchsten König, den König aller Könige, ehren, die allen Ruhm an Ihn allein weitergeben. Die vier Gestalten preisen Gott, und die Ältesten fallen nieder. Ihre Throne stehen unter Gott und sie legen ihre Kronen Gott zu Füßen.

Welcher König auf Erden legt seine Krone vor einem anderen König nieder? In der Menschheitsgeschichte ist mir da kein Beispiel bekannt. Aber diese gekrönten Überwinder legen vor Gottes Thron ihre Kronen ab und sprechen das Lobpreisgebet: **Du bist würdig zu nehmen Preis und Ehre und Macht.** Und warum?: **Du hast alles geschaffen!** Die Anbeter und uns! Kein Geschöpf hat sich selbst erschaffen. **Durch Deinen Willen haben sie das Wesen und sind geschaffen.** Das heißt: durch den Willen Gottes werden sie bis heute erhalten. Der Schöpfer ist auch der Erhalter allen Seins.

Das Lamm öffnet das Buch mit den sieben Siegeln

Offenbarung 5

Mit Kapitel 5 kommen wir zu der bewegendsten Stelle in der ganzen Offenbarung: Das Lamm allein ist würdig, die Siegel zu öffnen! Der Thronstaat Gottes ist nicht leer, er ist voller begnadeter Wesen. Johannes weint sehr, weil niemand im ganzen himmlischen Hofstaat in der Lage ist, das Buch mit sieben Siegeln in der rechten Hand Gottes zu öffnen. Aber schließlich tritt ein Lamm auf. Es ist unscheinbar und steht da wie geschlachtet.

Und ich sah in der rechten Hand Dessen, Der auf dem Thron saß, ein Buch, beschrieben innen und außen, versiegelt mit sieben Siegeln. Und ich sah einen starken Engel, der rief mit großer Stimme: Wer ist würdig, das Buch aufzutun und seine Siegel zu brechen? Und niemand, weder im Himmel noch auf Erden noch unter der Erde, konnte das Buch auftun und hineinsehen. Und einer von den Ältesten spricht zu mir: Weine nicht! Siehe, es hat überwunden der Löwe aus dem Stamm Juda, die Wurzel Davids, aufzutun das Buch und seine sieben Siegel.

Und ich sah: Mitten zwischen den Thronen und den vier Gestalten und mitten unter den Ältesten stand ein Lamm, wie wenn es erwürgt wäre, und hatte sieben Hörner und sie-

ben Augen, das sind die sieben Geister Gottes, gesandt in alle Lande. Und Es kam und nahm das Buch aus der rechten Hand Dessen, Der auf dem Thron saß. Und da es das Buch nahm, da fielen die vier Gestalten und 24 Ältesten nieder vor dem Lamm und ein jeglicher hatte eine Harfe und goldene Schalen voll Räucherwerk, das sind die Gebete der Heiligen. Und sie sangen ein neues Lied und sprachen: Du bist würdig zu nehmen das Buch und aufzutun seine Siegel, denn Du bist erwürgt und hast mit Deinem Blut für Gott erkauft Menschen aus allen Geschlechtern und Sprachen und Völkern und Nationen und hast sie unserem Gott zu Königen und Priestern gemacht, und sie werden herrschen auf Erden.

Wer ist das Lamm?

Dieses Lamm kann niemand anderes sein als unser Herr und Heiland Jesus Christus. ER ist das Lamm, das geschlachtet wurde, Gottes Lamm, das sich für uns als Sühnopfer für unsere Sünden gab. ER selbst war unschuldig und ging für uns an das Kreuz. Das Lamm gilt unter den Tieren als das geduldigste und wehrloseste Tier. Es wehrt sich nicht und schreit nicht, wenn es zur Schlachtbank geführt wird. Es vergießt lediglich Tränen. Genau so handelte Jesus Christus auf dem Weg nach Golgatha. In Gethsemane ergab ER Seinen Willen als Sohn in den Willen Gottes des Vaters. Seine Seele war betrübt bis in den Tod und Sein Schweiß rann wie Blutstropfen, aber um unserer Rettung und Seligkeit willen widerstrebte ER dem Leidensweg nicht.

Lamm ist in Offenbarung 5 also eine Bezeichnung für den Sohn Gottes, obgleich ER im selben Kapitel auch als **der Löwe**

von Juda bezeichnet wird. Durch Sein Opfer auf Golgatha hat ER die Vollmacht, das Buch mit den sieben Siegeln, den Gerichtssiegeln zu öffnen. Dieses zarte, wehrlos scheinende Lamm leitet die Gerichte über die Welt ein, die Es abgelehnt hat.

Wie wird dieses Lamm beschrieben? Es hat sieben Hörner. Diese Hörner sind Symbole Seiner Macht. Die sieben Augen sind Symbole Seiner Weisheit, Seines Allwissens, Seiner Allgegenwart. Die sieben Geister sind ein Ausdruck für den Heiligen Geist, den Jesus Christus denen schenkt, die Ihn aufnehmen. Geschlachtet wurde Jesus Christus, Gottes Lamm, am Kreuz von Golgatha für die Sünde der Welt.

Die Bedeutung von Golgatha

Und Es kam und nahm das Buch aus der rechten Hand dessen, Der auf dem Thron saß.

Dies macht deutlich, dass Jesus Christus zur rechten Hand (zur Rechten) Gottes des Vaters sitzt, was Seinen Stand, Seine Gerechtigkeit und Heiligkeit ausdrückt. Gott, der Vater, wird hier - wie auch an anderen Stellen - mit irdischen Bildern als Person dargestellt, mit Händen und Füßen. Und als das Lamm das Buch nahm, fielen alle anderen Wesen anbetend nieder, nicht nur vor Gott, dem Vater, sondern auch vor dem Lamm.

Dann wird ein Lied angestimmt. Im Himmel wird auch Musik sein, welche allerdings unsere Vorstellungen übersteigt. Die Harfe wird als Instrument im Himmel immer wieder genannt. Die Nennung der Schalen voll Räucherwerk kann uns hier auf der Erde sehr trösten und ermutigen: Sie sind die Gebete der Heiligen. Heilig ist jeder, der zu Jesus Christus gehört, der ausgesondert ist für den HERRN.

Und sie sangen ein neues Lied und sprachen: Du bist würdig zu nehmen das Buch und aufzutun seine Siegel.

Allein Jesus Christus ist würdig, dies zu tun. Denn von Ihm ist gesagt: **Du bist erwürgt und hast mit Deinem Blut für Gott erkauft Menschen aus allen Geschlechtern und Sprachen und Völkern und Nationen.**

Jesus Christus hat stellvertretend für uns den Sühnetod auf sich genommen. Durch Sein Opfer am Kreuz auf Golgatha hat ER diese Würde vom Vater verliehen bekommen.

Hier gelangt auch die Weltmission zur Vollendung: Aus Menschen in aller Welt setzt sich die Gemeinde im Himmel zusammen. Auch dies ist ein Geheimnis. Im Kapitel 7 in der Offenbarung wird noch einmal die unzählbar große Schar von Erlösten genannt. Es ist daher wichtig, dass Menschen aus allen Völkern und Sprachen der Erde das Evangelium hören. Aus diesem Grunde sind die Bibelübersetzungen so bedeutend, damit wirklich alle Sprachen erreicht werden.

Und Du hast sie unserem Gott zu Königen und Priestern gemacht, und sie werden herrschen auf Erden.

Dies ist unsere höchste Bestimmung: in der herrlichen Vollendung Priester und Könige Gottes sein zu dürfen.

Lob und Ehre sei dem Lamm!

Und ich sah und hörte eine Stimme vieler Engel um den Thron und um die Gestalten und um die Ältesten her und ihre Zahl war viel tausend mal tausend (nun schaut Johannes die Engelwelt in einer gewaltigen Zahl) ... **und sprachen mit großer Stimme: Das Lamm, das erwürget ist, ist würdig zu nehmen Kraft und Reichtum und Weisheit und Stärke und Ehre und Preis und Lob. Und alle Kreatur, die im Himmel ist und auf Erden und unter der Erde und im Meer und alles, was darinnen ist, hörte ich sagen: Dem, Der auf dem Thron sitzt, und dem Lamm sei Lob und Ehre und Preis und Gewalt von Ewigkeit zu Ewigkeit. Und die vier Gestalten sprachen: Amen. Und die Ältesten fielen nieder und beteten an.**

Hier lesen wir einen wunderbaren Lobpreis, welcher in der Musikgeschichte bis in die Gegenwart vielfach vertont wurde. Man hat versucht, mit menschlichen Melodien diesen himmlischen Lobpreis wiederzugeben (auch wenn die Engel selbst sprechen, nicht singen!). **Das Lamm ist würdig!** Es gibt einfache und auch vielstimmige Vertonungen. Im Himmel in der

Vollendung dürfen wir dann diesen Hymnus mit der großen Schar vor dem Thron Gottes singen.

Auch in Philipper 2 steht zu lesen, dass **alle Kreatur ihre Knie beugen wird vor dem Herrn und bekennen, dass Jesus Christus der Herr ist, zur Ehre Gottes, des Vaters.**

Alle, die es zu Lebzeiten versäumt haben, werden ihre Knie beugen müssen. Sie sind dann verloren, aber sie werden sehen, was sie versäumt haben, nämlich sich zu Jesus Christus zu bekehren, zu Ihm zu kommen und Ihn als ihren Heiland anzunehmen. Möge jeder, der dies liest, diese Entscheidung bei Lebzeiten treffen und sie nicht hinausschieben. **Heute, wenn ihr Seine Stimme hört, verstockt eure Herzen nicht!**

So mahnt uns Gottes Wort (Hebräer 3,15). Wir wissen nicht, wann der Herr uns abruft und wann unser letzter Tag anbricht.

Im Buch der Offenbarung sind viele solcher Lieder der Erlösten überliefert. So findet sich in Offenbarung 1,6f der Hymnus: **Dem Der uns liebt und uns von unseren Sünden erlöst hat durch Sein Blut und uns gemacht hat zu Königen und Priestern vor Gott, Seinem Vater - Ihm sei die Herrlichkeit und die Macht von Ewigkeit zu Ewigkeit. Amen.**

In Offenbarung 4,8 ertönt der Lobpreis: **Heilig, Heilig, Heilig, Herr, Gott, Allmächtiger, Der da war und Der da ist und Der da kommt.**

In Offenbarung 7 und 15 erklingen weitere Hymnen. Dabei wird übrigens deutlich, dass nicht nur Gott, der Vater, angebetet wird, sondern auch der Sohn, das Lamm. Manche Sekten behaupten, man dürfe nur den Vater und nicht den Sohn anbeten. Aber dies ist nicht wahr. Schon im Johannesevangelium sagt Jesus Christus: **Was ihr den Vater bittet** und zugleich: **Was ihr Mich bittet** ... (Johannes 14,13f). Der erste Märtyrer Stephanus betete bei seiner Hinrichtung: **HERR Jesus, nimm meinen Geist auf** (Apg. 7,59). Also dürfen wir auch zu dem Sohn beten, zu dem Herrn Jesus Christus. Er ist der einzige Mittler zum Vater, der Sohn Gottes, wie es im 1. Timotheusbrief 2,5 zu lesen steht. Kein Mensch, sondern nur Er allein ist der Mittler, wahrer Mensch und wahrer Gott.

Die Öffnung der ersten sechs Siegel
Offenbarung 6

Lesen wir nun das Kapitel 6 aus dem Buch der Offenbarung an Johannes (Schlachterübersetzung 2.000): **Und ich** (Johannes) **sah, wie das Lamm eines von den Siegeln öffnete. Und ich hörte eines von den vier lebendigen Wesen wie mit Donnerstimme sagen: Komm und sieh! Und ich sah, und siehe: ein weißes Pferd, und der darauf saß, hatte einen Bogen und es wurde ihm eine Krone gegeben und er zog aus als ein Sieger und um zu siegen. Und als es das zweite Siegel öffnete, hörte ich das zweite lebendige Wesen sagen: Komm und sieh! Und es zog ein anderes Pferd aus, das war feuerrot, und dem, der darauf saß, ihm wurde gegeben den Frieden von der Erde zu nehmen, damit sie einander hinschlachten sollten, und es wurde ihm ein großes Schwert gegeben. Und als Es das dritte Siegel öffnete, hörte ich das dritte lebendige Wesen sagen: Komm und sieh! Und ich sah, und siehe: ein schwarzes Pferd, und der darauf saß, hatte eine Waage in seiner Hand. Und ich hörte eine Stimme inmitten der vier lebendigen Wesen, die sprach: Ein Maß Weizen für einen Denar und drei Maß Gerste für einen Denar, doch das Öl und den Wein schädige nicht! Und als es das vierte Siegel öffnete, hörte ich die Stimme des vierten lebendigen Wesens sagen: Komm und sieh! Und ich sah, und siehe: ein fahles Pferd, und der darauf saß, dessen Name** ist der Tod, und das Totenreich folgt ihm nach. Und ihnen wurde Vollmacht gegeben über den vierten Teil der Erde, zu töten mit dem Schwert und mit Hunger und mit Pest und durch die wilden Tiere der Erde. Und als es das fünfte Siegel öffnete, sah ich unter dem Altar die Seelen derer, die hingeschlachtet worden waren um des Wortes Gottes willen und um des Zeugnisses willen, das sie hatten. Und sie riefen mit lauter Stimme und sprachen: Wie lange, oh HERR, Du Heiliger und Wahrhaftiger, richtest Du nicht und rächst nicht unser Blut an denen, die auf der Erde wohnen? Und jedem von ihnen wurden weiße Kleider gegeben und es wurde ihnen gesagt, dass sie noch eine kleine Zeit ruhen sollten, bis auch ihre Mitknechte und ihre Brüder vollendet wären, die auch wie sie getötet werden sollten. Und ich sah, als Es das sechste Siegel öffnete, und siehe, ein großes Erdbeben entstand und die Sonne wurde schwarz wie ein härener Sack und der Mond wurde wie Blut. Und die Sterne des Himmels fielen auf die Erde, wie ein Feigenbaum seine unreifen Früchte abwirft, wenn er von einem starken Wind geschüttelt wird. Und der Himmel entwich wie eine Buchrolle, die zusammengerollt wird, und alle Berge und Inseln wurden von ihrem Ort weggerückt. Und die Könige der Erde und die Großen und die Reichen und die Heerführer und die Mächtigen und alle Knechte und alle Freien verbargen sich in den Klüften und in den Felsen der Berge und sie sprachen zu den Bergen und zu den Felsen: Fallt auf uns und verbergt uns vor dem Angesicht dessen, der auf dem Thron sitzt, und vor dem Zorn des Lammes. Denn der große Tag Seines Zorns ist gekommen, und wer kann bestehen?

Grundlegendes zum Verständnis

Nach der Öffnung dieser sechs Siegel findet sich vor der Öffnung des siebten Siegels eine Pause, da diesem die Versiegelung der 144.000 Auserwählten und die Schau der großen Schar vorausgeht.

Wer die Offenbarung kennt, weiß, dass nur Einer das Buch mit den sieben Siegeln öffnen kann: Der Löwe von Juda, der zugleich das Lamm Gottes ist, - unser Herr Jesus Christus!

In Kapitel vier und fünf der Offenbarung an Johannes bekamen wir durch die Schau, die dem Apostel gegeben wurde, einen Einblick in den Hofstaat Gottes: Gott in Seiner Majestät, umgeben von 24 Thronen, auf welchen 24 Älteste in weißen Kleidern sitzen. Es wird nicht näher erklärt, wer diese Ältesten sind. Meiner Auffassung nach handelt es sich um je zwölf Vertreter des Alten und des Neuen Bundes. Daraus lässt sich meines Erachtens aber nicht folgern, dass in diesem Bild bereits die ganze Gemeinde Jesu vertreten ist. Es handelt sich um zwölf Vertreter (Repräsentanten) der zwölf Stämme Israels und um die zwölf Apostel mit Ausnahme von Judas Ischariot, für welchen Matthias von Menschen nachgewählt (Apg. 1), aber Paulus von Jesus berufen wurde(Gal. 1,1; 1. Kor. 9,1f u. a.) Diese 24 Ältesten befinden sich um den Thron Gottes, sowie vier Wesen, welche wohl Cherubim, vier mächtige Thronengel sind. In der Schau des Johannes glich das erste Wesen einem Löwen, das zweite einem jungen Stier, das dritte einem Menschenantlitz und das vierte einem fliegenden Adler. Die Ältesten und die vier Thronengel haben eine große Bedeutung bei der Öffnung der Siegel. Das entscheidende Bild dieser Schau des Johannes bleibt aber das Lamm. Denn nur das Lamm Gottes, das für uns Sünder als Sühnopfer auf Golgatha geopfert wurde, Jesus Christus, ist würdig und Ihm allein kommt es zu, diese Gerichtssiegel zu öffnen und die Vollendung der Weltgeschichte durch die Gerichte Gottes einzuleiten.

Manche Menschen bekommen das Bild vom sanftmütigen Lamm und dem Richter, der die Endzeitgerichte einleitet, nicht zusammen. Die Bibel spricht aber vom zweimaligen Kommen Jesu Christi: Jesu erstes Kommen war geprägt von Jesaja 53: Jesus kam zu uns als das sanftmütige Lamm Gottes, als der unschuldige Gottesknecht, der, um uns zu erlösen, für unsere Sünden sterben sollte. Jesu zweites Kommen aber steht unter dem Zeichen von Daniel 7: Dann wird Jesus am Ende der Zeit als der Weltenrichter erscheinen und die ganze Welt dem Urteil Gottes unterwerfen. Gemäß 1. Korinther 15 wird Jesus dann, wenn alle Feinde unter Seine Füße gelegt sind, die Neuschöpfung von Himmel und Erde dem Vater wieder übergeben.

Nun möchte ich mit Gottes Hilfe die Verse unseres Bibelabschnittes einzeln auslegen. Zunächst ist zu sagen, dass die Zahl sieben die Zahl der göttlichen Vollkommenheit ist. Auch in Seinem Gericht wird Gottes Vollkommenheit sichtbar. Nach meiner Auffassung gehen die Gerichte in der Offenbarung auseinander hervor: Von den sieben Siegeln werden zunächst die ersten sechs Siegel geöffnet und beschrieben. In Offenbarung 8,1–6 leitet die Öffnung des siebten Siegels dann die sieben Posaunengerichte ein, von welchen wiederum zunächst auch nur die ersten sechs beschrieben werden. Die siebte Posaune bläst dann zu den sieben Zornschalengerichten. Diese drei Gerichtsperioden (Siegel, Posaunen, Zornschalen) sind steigernd angelegt.

Die Gerichte beginnen mit dem Erscheinen des ersten Reiters, unter welchem ich den Antichristen verstehe, und setzen sich steigernd fort bis zum völligen Abbruch der bisherigen Schöpfung und dem Neuaufbau dessen, was Gott uns dann in Seinem Reich schenken wird: ein neuer Himmel und eine neue Erde; das himmlische Jerusalem. So gehen die Gerichte Gottes auseinander hervor, in der göttlichen Vollkommenheit der Zahl sieben ausgedrückt.

Der Schlüssel zum Verständnis

Der Schlüssel zum Verständnis der Siegelgerichte im Besonderen und der Endzeitgerichte im Allgemeinen ist die Endzeit- oder Ölbergrede unseres Herrn Jesus Christus. Durch sie bekommen wir den einzig richtigen Deutungsschlüssel für das, was in Offenbarung 6 und den folgenden Gerichten beschrieben wird.

Betrachten wir deshalb nun diese Endzeitrede Jesu in Matthäus 24,4ff in Auszügen: **Und Jesus antwortete und sprach zu ihnen** (Seinen Jüngern): **Habt Acht, dass euch niemand verführt, denn viele werden unter Meinem Namen kommen und sagen: ich bin der Christus, und sie werden viele verfüh-**

ren. Ihr werdet aber von Kriegen und Kriegsgerüchten hören. Habt acht, erschreckt nicht, denn dies alles muss geschehen. Aber es ist noch nicht das Ende. Denn ein Volk wird sich gegen das andere erheben und ein Königreich gegen das andere und es werden hier und dort Hungersnöte, Seuchen und Erdbeben geschehen. Dies alles ist der Anfang der Wehen. Dann wird man euch der Drangsal preisgeben und euch töten.

Nach weiteren Zeichen der Endzeit steht dann in Matthäus 24,29: **Bald aber nach der Drangsal jener Tage wird die Sonne verfinstert werden und der Mond wird seinen Schein nicht geben und die Sterne werden vom Himmel fallen und die Kräfte des Himmel erschüttert werden.**

Hier wird fast wörtlich das Gleiche geschildert, was uns in Offenbarung 6 gesagt ist!

Eine weitere wichtige Bibelstelle zum Verständnis unseres Textes aus der Offenbarung finden wir in Sacharja 6,1-8: Hier ist auch von vier Reitern die Rede, welche - ähnlich wie in der Offenbarung - als Gerichtsreiter auftreten.

Und ich erhob wiederum meine Augen und schaute, und siehe, vier Streitwagen kamen zwischen zwei Bergen hervor. Und die Berge waren Berge aus Erz. Am ersten Streitwagen waren rote Pferde; am zweiten Streitwagen schwarze Pferde; am dritten Streitwagen aber weiße Pferde und am vierten Streitwagen scheckige, starke Pferde. Und ich ergriff das Wort und sprach zu dem Engel, der mit mir redete: Mein Herr, was bedeuten diese? Und der Engel antwortete und sprach zu mir: Das sind die vier Winde des Himmels, die ausziehen, nachdem sie vor dem Herrscher der ganzen Erde gestanden haben. Der Streitwagen mit den schwarzen Pferden zieht aus ins Land des Nordens und die weißen sind ausgezogen ihm nach. Die scheckigen aber sind ausgezogen in das Land des Südens. Auch die Starken sind ausgezogen. Und sie trachteten danach, umherzuziehen auf der Erde. Und er sprach: Geht und durchzieht die Erde! Und sie durchzogen die Erde. Und er rief mich und redete zu mir und sagte: Siehe, die nach dem Land des Nordens ziehen, die bewirken, dass mein Geist sich im Zorn niederlässt im Land des Nordens.

In Sacharja 6 sind diese Streitwagen mit ihren Pferden Gerichtsboten. Mit dem Land des Nordens - von der Sicht Israels aus - waren Israels Feinde im Norden gemeint: Assyrien, Babylon, die Seleukiden und die Römer. Israels Feinde im Süden waren die Ägypter. Gegen diese Feinde des Volkes Israel wurden die in Sacharja 6 erwähnten Streitwagen losgeschickt.

Auch die vier apokalyptischen Reiter aus Offenbarung 6 werden gegen die Feinde Gottes losgeschickt, nämlich gegen eine gottlose Welt, die sich von Gott losgesagt hat und auf den Antichristen zuarbeitet. Aber auch das Kommen des Antichristen ist ein Gericht, das Gott schickt. Und so ist auch der Antichrist, als eine Art Gerichtswesen, in Gottes Plan enthalten: Der gefallene Lichtengel, der Teufel (in der Offenbarung auch oft der Drache genannt), wird seinen Antichristen, einen zukünftigen Menschheitsdiktator, satanisch inspirieren.

Die Öffnung des ersten Siegels: Der Reiter auf dem weißen Pferd

Nach dieser Einleitung wollen wir nun das Bild des ersten Reiters aus Offenbarung 6 betrachten:

Und ich (Johannes) **sah, wie das Lamm eines von den Siegeln öffnete, und ich hörte eines von den vier lebendigen Wesen wie mit Donnerstimme sagen: Komm und sieh! Und ich sah, und siehe: ein weißes Pferd, und der darauf saß, hatte einen Bogen und es wurde ihm eine Krone gegeben und er zog aus als ein Sieger und um zu siegen.**

Wie gesagt, allein das Lamm Gottes, Jesus Christus, kann das Buch mit den sieben Siegeln öffnen. So wird nun das erste Siegel geöffnet und eines der vier Engelwesen spricht mit Donnerstimme. Die Engel Gottes werden nun immer wieder im Zusammenhang mit Gottes Gerichten als ausführende Organe auftreten. Jesus Christus tritt erst am Ende der Zeiten als Sieger auf, vorerst sind die Engelwesen die Repräsentanten der Gerichte Gottes. Diese werden dadurch in die Wege geleitet, dass Jesus Christus die Siegel des Buches, welches den Ablauf der Endzeitgerichte enthält, öffnet. So ist hier eine klare himm-

lische Hierarchie (Rangordnung) zu erkennen, welche von Gott dem Vater ausgeht und an den Sohn übergeht, welcher kein Geschöpf Gottes ist, sondern als einzig geborener Sohn ganz auf die Seite Gottes gehört. Dann folgen in der Hierarchie die Engelwesen, die geschöpfliche Boten Gottes sind. Auch bei den Engeln existiert eine Rangfolge, wie z. B. eine Führung durch Engelfürsten (z. B. Michael), und Thronengel: die vier Cherubim. Zuletzt gibt es noch gefallene Engel, Dämonen, welche zum Teil von Gott gebunden sind, um noch einmal zum Gericht über die Erde losgelassen zu werden. So besitzt Gott die Souveränität sowohl über die Engel, die Ihm die Treue gehalten haben, als auch über die abgefallenen Engel, die unter der Führung des Teufels zu Dämonen wurden. Gott hat die Macht über alles und lässt das Gericht zu.

So ruft nun eines der vier Wesen um Gottes Thron mit Donnerstimme den ersten Reiter herbei. Es wird nicht gesagt, welches der vier Wesen dies tut. Auf jeden Fall drückt der Donner Gottes Majestät bei Seinem Erscheinen (vgl. 2. Mose 19) sowie hier Gericht und Gottes Zorn aus. Das Wesen fordert dann den Apostel auf, zu kommen und hinzusehen. Der Apostel sieht ein weißes Pferd. Weil in Offenbarung 19 Christus auf einem weißen Pferd erscheint, denken viele Ausleger, dass es sich bei dem ersten apokalyptischen Reiter auch um Christus handelt. Ich denke, dass dem nicht so ist, weil Jesus nicht einer der vier Gerichtsreiter, sondern deren Herr und Auftraggeber ist. Ich bin der Ansicht, dass der erste apokalyptische Reiter eine Imitation Christi ist, nämlich der Antichrist. Wir wissen ja aus 2. Korinther 11,14-15 dass der Teufel sich als Engel des Lichts verstellt und seine Diener als Diener der Gerechtigkeit. So ist es auch kein Wunder, dass der Antichrist auf einem weißen Pferd reitet: Weiß ist die Tarnfarbe seiner Finsternis! So laufen die Menschen Gefahr, auf ihn hereinzufallen, weil er sich als Lichtgestalt und eben nicht in seiner Finsternis zeigt. Nur die Menschen, die im Lebensbuch des Lammes (Jesus Christus) stehen, werden den Antichristen durchschauen, ihn meiden und ablehnen und sein Malzeichen nicht annehmen (Offb. 13,8).

Jesus Christus ist bei Seinem ersten Kommen nicht auf einem Schlachtross in Jerusalem eingeritten, sondern auf einem Esel. Er brachte damit zum Ausdruck, dass Er das sanftmütige Gotteslamm ist. Sicherlich kommt Jesus Christus, wenn Er als Richter erscheinen wird (Offb. 19), auch auf einem Pferd. Hier nun in der Schau des ersten apokalyptischen Reiters ahmt der Antichrist diesen Sieg Jesu nach. Das Bild zeigt, dass der Antichrist als Eroberer kommen möchte, bevor der eigentliche Sieger Jesus Christus erscheint. Aus diesem Grunde trägt er auch einen Bogen, was Eroberung ausdrückt. Im Hinblick auf Jesus wird nie von einem Bogen gesprochen, sondern von einem Schwert, welches das Wort Gottes und Gericht Gottes symbolisiert. Dies erinnert an die Bibelstelle Hebräer 4,12-13, welche die Wirkung von Gottes Wort als **schärfer wie ein zweischneidiges Schwert** beschreibt.

Ein Bogen ohne Pfeile

Der Antichrist trägt einen Bogen ohne Pfeile. Dies könnte darauf hindeuten, dass der Antichrist seine Eroberung nicht mit Waffengewalt, sondern mit einem Bündnissystem durchführt. ... **und es wurde ihm eine Krone gegeben und er zog aus als ein Sieger und um zu siegen.**

Der Bogen könnte auch ein Hinweis auf den Regenbogen sein, - eine Nachahmung von 1. Mose 9, als Gott den Regenbogen als Zeichen Seines Bundes in den Wolken sichtbar werden lässt. Auch der Antichrist versucht eine Art Harmonie, eine Art Frieden, eine Art Einheit (Synthese) zu bringen. Dies ist in der Bibel mehrfach vorausgesagt (vgl. Offb. 17). Allerdings warnt die Bibel vor dieser falschen Friedens- und Einheitseuphorie. So steht in 1. Thessalonicher 5,3: **Wenn sie sagen werden: Es ist Friede, es hat keine Gefahr -, dann wird sie das Verderben schnell überfallen wie die Wehen eine schwangere Frau.** Friede und Sicherheit werden im Neuen Testament als Ziele einer vereinigten Menschheit genannt, welche den Frieden selbst schaffen will, ohne auf Jesu Friedensreich zu warten. Aber dieser selbst geschaffene Friede wird ein kurzer Scheinfriede sein.

In jedem Falle könnte der antichristliche Bogen ohne Pfeile auf einen Sieg ohne größeres Blutvergießen hindeuten, auf ein Bündnissystem, welches auch in Daniel 9,24–27 vorausgesagt ist. Dieses Bündnissystem klingt besonders in der so genannten „Siebzigsten Jahrwoche" an. Die „Siebzigste Jahrwoche" ist ein endzeitlicher Begriff, den wir noch näher erläutern werden.

Betrachten wir nun Daniel 9,25ff: **So wisse und verstehe: Vom Erlass des Befehls zur Wiederherstellung und zum Aufbau Jerusalems bis zu dem Gesalbten, dem Fürsten, vergehen 7 Wochen und 62 Wochen; Straßen und Gräben werden wieder gebaut, und zwar in bedrängter Zeit. Und nach den 62 Wochen wird der Gesalbte ausgerottet werden.** Dies bezieht sich ganz klar auf den Sühnetod des Messias, Jesus Christus, welcher 33 Jahre nach Jesu Geburt geschah. Wenn man die 69 ersten Jahrwochen (= 483 prophetische Jahre mit Monaten von je 30 Tagen!) vom Edikt des Artaxerxes (445 v. Chr.) laufen lässt, dann gelangt man genau in die Zeit der Passion Jesu Christi.

... und ihm wird nichts zuteil werden; die Stadt aber samt dem Heiligtum wird das Volk des zukünftigen Fürsten zerstören (dies ist ein Hinweis auf den Antichristen, den „zukünftigen Fürsten") **... und sie geht unter in der überströmenden Flut, und bis ans Ende wird es Krieg geben, fest beschlossene Verwüstungen. Und er** (nämlich der falsche Fürst, der Antichrist, der weiße Reiter mit dem Bogen aus Offb. 6) **wird mit den Vielen einen festen Bund schließen eine Woche lang** (in der siebzigsten Jahrwoche nämlich, welche für die Endzeit aufgespart ist); **und in der Mitte der Woche wird er Schlacht- und Speisopfer aufhören lassen, und im Heiligtum werden Gräuel der Verwüstung aufgestellt und zwar bis die fest beschlossene Vernichtung sich über den Verwüster ergießt.**

Der Antichrist hat also nur eine begrenzte Zeit zur Verfügung. Er wird in der siebzigsten Jahrwoche, - welche als ein Ablauf von realen sieben Jahren zu deuten ist, weil dies in der Offb. in vielfältigen Zahlformen ausgesagt wird, in Tagen, Monaten und Jahren –, seinen Gräuel der Verwüstung im Tempel aufrichten. Mit dem Tempel kann der Tempel der Gemeinde gemeint sein, oder auch ein tatsächlich wieder erbauter Tempel, da in unserem Text von Schlacht- und Speisopfern die Rede ist. Der Antichrist wird der Menschheit ein Welteinheits- und Weltfriedensreich anbieten. Viele denken nun aktuell an die heutigen Bestrebungen der UNO, eine einheitliche Regierung über die Menschheit zu bilden. Vorstufen dazu sind z. B. die europäische Vereinigung sowie die Vereinigung anderer Erdteile und Ländergruppen, aber auch die ökumenischen Bestrebungen auf religiösem Gebiet, welche ebenfalls in die Einheitsideologie des Antichristen einmünden werden. Aber denken wir an den bereits zitierten Vers: **Wenn sie sagen werden: Es ist Friede, es hat keine Gefahr –, dann wird sie das Verderben schnell überfallen ...**

Fragen wir uns nun im Hinblick auf die Öffnung des ersten Siegels, auf das Kommen des Antichristen: Werden wir auch auf Verführer im Lichtgewand hereinfallen, oder werden wir ihnen durch das Wort Gottes und den Heiligen Geist widerstehen? Werden wir die Verführer politischer und religiöser Art anhand des Wortes Gottes durchschauen?

Die Öffnung des zweiten Siegels: Der Reiter auf dem feuerroten Pferd

Und als es das zweite Siegel öffnete, hörte ich das zweite lebendige Wesen sagen: Komm und sieh! Und es zog ein anderes Pferd aus, das war feuerrot, und dem, der darauf saß, ihm wurde gegeben, den Frieden von der Erde zu nehmen, damit sie einander hinschlachten sollten, und es wurde ihm ein großes Schwert gegeben.

Hier ist eine weitere Erfüllung von Matthäus 24 vorausgesagt. Die dort beschriebenen Zeichen für die Wiederkunft Jesu sind erstens die falschen Christusse (erstes Siegel) und zweitens die Kriege (zweites Siegel). Diese Reihenfolge gibt uns

auch den Hinweis darauf, dass der erste apokalyptische Reiter der Antichrist und nicht Jesus Christus ist. Daher sollen wir uns nicht von Menschen verführen lassen, die sagen, sie seien der Christus. Dies kann schon daher nicht sein, weil Jesus sichtbar vom Himmel her wiederkommt (Mt. 24,29ff).

Das Scheinfriedensreich des Antichristen wird eine bemessene Zeit Bestand haben und dann werden die Gerichte über es hereinbrechen. Dies wird dann auch daran sichtbar, dass der Antichrist kurz über lang Krieg mit sich bringen wird. Das Bündnis, welches der Antichrist besonders mit Israel schließen wird (vgl. Daniel 9,27), wird schnell gebrochen werden und der Antichrist wird seine friedliche Maske fallen lassen. Die feuerrote Farbe des zweiten Pferdes (im griechischen Text steht „phyr", zu deutsch: Feuer), der zweite apokalyptische Reiter steht für einen Weltenbrand, der über die Erde kommen wird: **... dem, der darauf saß, ihm wurde gegeben den Frieden von der Erde zu nehmen, damit sie einander hinschlachten sollten und es wurde ihm ein großes Schwert gegeben.**

Dies ist eben nicht das Schwert unseres Herrn Jesus, welches Geist und Seele unterscheidet, sondern hier ist ein Kriegsschwert gemeint, welches Blut fordert. So steht in Jesaja 48,22: **Die Gottlosen haben keinen Frieden.** Wenn man sich von Jesus, dem Lamm Gottes, lossagt, kann man nicht mit wirklichem Frieden rechnen. Dieser antichristliche Scheinfriede muss deshalb zerbrechen und scheitern. Die Grausamkeit des Antichristen wird offenbar.

Ich bin der Ansicht, dass die Siegel zwar erst in der Trübsalszeit wirklich geöffnet werden, wir aber die Vorschattungen schon heute erleben: Wir durchleiden heute schon antichristliche Verführung. Hinter uns liegen der erste und der zweite Weltkrieg. Der dritte Weltkrieg steht nach biblischen Aussagen noch bevor (vgl. Sacharja 12–14; Hesekiel 38f). Es wird bis zu Jesu Friedensreich keinen dauerhaften Frieden auf der Erde geben. Der Antichrist wird der Menschheit den Frieden nur vorgaukeln. Er wird verlangen, dass man alle Religionen (gemäß freimaurerisch inspiriertem Plan) vereint und leugnet, dass Jesus der alleinige Weg zum Vater ist (Joh. 14,6). Dies ist die Verführung, die kommen wird. Wie schon gesagt, wird durch die Öffnung des zweiten Siegels die Grausamkeit des Antichristen offenbar und aus scheinbarem Frieden wird Krieg. Es kann auch nicht anders sein, weil die Adams- und Kainslinie sich durch die Menschheitsgeschichte hindurch zieht. Wenn Menschen nicht wiedergeboren sind, das heißt, wenn sie durch den Heiligen Geist nicht von ihrer Sünde überführt und durch das Blut Jesu, durch die Erlösung auf Golgatha, von ihrer Sünde abgewaschen und erneuert worden sind, dann können sie nicht wirklich Frieden halten.

Die Spirale der Gewalt

In 1. Mose 4,24 spricht Lamech: **Kain soll siebenmal gerächt werden, Lamech aber siebenundsiebzigmal.**

Mit dieser Gesinnung ist der Kreislauf der Rache, der Gewalt und der Kriege in der Menschheitsgeschichte immer weiter angewachsen, bis hin zum bisher schlimmsten Konflikt, dem zweiten Weltkrieg. Jesus hat als Kontrast zu dieser Rachegesinnung des Menschen eine Vergebungsbereitschaft von siebzigmal siebenmal gefordert: Eine weitere Steigerung der Zahl sieben auf 490 (Mt. 18,21f). Damit ist gemeint, dass wir als Jünger Jesu eine vollkommene Vergebung gewähren, dass wir immer wieder aufs Neue vergeben sollen. Hast du deinem Gegner und deinem Feind schon vollkommen vergeben? Nur so können wir die Spirale der Gewalt durchbrechen.

Der Herr Jesus sagt in Johannes 8,44, dass der Teufel der Mörder von Anfang an ist. Der Teufel ist nicht nur ein Lügner, ja der Vater der Lüge, sondern auch ein Mörder, welcher Tod, Blutvergießen und ewige Verdammnis über die Menschen bringen will.

Es wird sich erfüllen, was in Psalm 2 vorausgesagt ist. Dort steht: **Warum toben die Heiden und ersinnen die Völker Nichtiges? Die Könige der Erde lehnen sich auf, und die Fürsten verabreden sich gegen den HERRN und gegen seinen Gesalbten: „Lasst uns ihre Bande zerreißen und ihre Fesseln von uns werfen."** (Aber) **Der im Himmel thront, lacht, der Herr spottet über sie.** In Vers 2,11ff heißt es dann: **Dient**

dem HERRN mit Furcht, frohlockt mit Zittern. Küsst den Sohn, damit Er nicht zornig wird und ihr nicht umkommt auf dem Weg; denn wie leicht kann Sein Zorn entbrennen! Wohl allen, die sich bergen bei Ihm!

So stellt sich auch uns die Frage: Werden wir allein dem Friedefürsten Jesus Christus, gemäß Epheser 2,14, dienen und werden wir Seinen Frieden ausleben und ausstrahlen, auch wenn diese Erde im Krieg versinkt?

Die Öffnung des dritten Siegels: Der Reiter auf dem schwarzen Pferd

Beim Betrachten des dritten Siegels sehen wir nun, wie ein Gericht aus dem anderen hervorgeht. Wir erkennen hierbei eine logische Kette von Gerichtssteigerungen und Gerichtsfolgen.

Und als Es das dritte Siegel öffnete, hörte ich das dritte lebendige Wesen sagen: Komm und sieh! Und ich sah, und

siehe, ein schwarzes Pferd, und der darauf saß, hatte eine Waage in seiner Hand.

Dieses schwarze Pferd symbolisiert den Hunger, und Hunger ist ja bekanntlich eine Folge des Krieges. Wer noch den letzten Weltkrieg miterlebt hat, weiß, welche Hungersnot damals in vielen Ländern - auch in Deutschland - geherrscht hat. Auch meine Großeltern haben das immer wieder erzählt. Nach Ende des Krieges waren die Kirchen voll und die Menschen suchten nach Gott. Durch den Materialismus wurden sie wieder ichbezogen und satt und vergaßen Gott. Dieser Prozess dauert bis heute sich steigernd an: von der Gottesleugnung (Atheismus) bis hin zu okkulten Praktiken (Pendeln, Wahrsagen, Horoskope etc.). Aus diesem Grunde werden sich Gottes Gerichte immer wieder und immer heftiger - bis hin zum Weltuntergang - über die Erde ergießen.

Das schwarze Pferd erinnert auch an die schwarze Pest, die furchtbare Plage des Mittelalters (besonders im 14. Jahrhundert), aber auch an andere Seuchen, welche im vierten Siegel durch das fahle Pferd symbolisiert werden. Des weiteren erinnert die Farbe Schwarz auch an die Fäulnis eines verwesenden Leichnams.

Die große Teuerung

... und der darauf saß, hatte eine Waage in seiner Hand. Das Bild von der Waage besagt, dass in jener Zeit der Teuerung alles genau bewogen und gemessen werden muss. Die Nahrung kann nicht mehr großzügig verteilt, sondern muss streng rationiert werden, damit auch für die kommenden Tage noch genug zu essen bleibt. Wir können Gott danken, dass wir (noch) nicht so denken müssen und dass in unserem Land die allermeisten genug zu essen haben. Weltweit gesehen allerdings ist es so, das von 1.000 Menschen 200 reichlich und 300 genug zu essen haben. Die andere Hälfte der Menschheit hungert und verhungert!

Diese Situation spitzt sich im dritten Siegel zu: **Und ich hörte eine Stimme inmitten der vier lebendigen Wesen, die sprach: Ein Maß Weizen für einen Denar und drei Maß Gerste für einen Denar ...**

Ein Maß Weizen ist die Nahrung, die ein Mensch für einen Tag benötigt. Ein Denar war der damalige Lohn für einen Tag Arbeit. Somit kostet die Tagesration Nahrung den Menschen dann einen Tageslohn. Ein Mann müsste also einen Tag arbeiten, um eine Nahrungsration für sich zu haben, – für seine Familie wird das aber nicht ausreichen. Die Gerste ist von etwas geringerem Wert. Den Familien wird also der Hunger drohen. Von den damaligen Währungen her gesehen entspricht dieses Preisleistungsverhältnis „Ein Denar für ein Maß Weizen" einer Preissteigerung um das acht- bis zwölffache, also um 800 bis 1.200 Prozent! Es wird hier die damalige Währung erwähnt (Denar); das Bild bezieht sich aber natürlich auf die Währung/Teuerung in der Endzeit. Der Tausch von Waren gegen Geld bleibt immer bestehen, ob er nun in Denaren, Euros oder Dollars vonstatten geht.

Der nächste Vers gibt der Auslegung einige Rätsel auf: **... doch das Öl und den Wein schädige nicht!** Hierzu gibt es zwei Hauptauslegungen: Zum einen, dass die Luxusartikel der Reichen Öl und Wein für gesellschaftliche Gelage unangetastet bleiben und somit die Kluft zwischen Arm und Reich zunimmt. Zum anderen, was mich eher überzeugt, wird Wein und Öl geistlich gedeutet: Das Öl ist das Bild für den Geist Gottes. Es wird also noch immer gläubige Menschen in dieser Zeit geben. Der Wein ist das Bild für das Blut unseres Herrn Jesus Christus, dessen Sühnetod am Kreuz von Golgatha wir beim Abendmahl mit Wein und Brot sinnbildlich verkünden. Das Wirken des Heiligen Geistes und die Versöhnung durch das Blut Jesu (also die Möglichkeit zur Buße, Vergebung und Heiligung) sollen also auch in dieser Zeit bestehen bleiben. Wir sehen auch, wenn wir nachher zum fünften Siegel kommen, dass es sehr wohl auch in dieser Zeit noch Gläubige an Jesus gibt.

Nun stellt sich an uns die Frage: Werden wir Jesus als Brot des Lebens verehren und nähren wir uns von Ihm, wenn in dieser Welt das irdische Brot knapp wird? Wir denken an den bekannten Vers, den Jesus übrigens in Seiner Versuchung dem Widersacher entgegenhielt (Matthäus 4,4 bzw. 5. Mose 8,3): **„Der Mensch lebt nicht vom Brot allein, sondern von einem jeden Wort, das aus dem Mund Gottes geht."**

Heute denken viele Menschen nur noch an das äußere Brot, an die äußere Fülle des Materialismus und vergessen dabei völlig das Geistliche. Für uns Christen, auch in meiner Familie, ist es ganz wichtig, dass wir morgens und auch sonst tagsüber Andacht halten. Unseren Kindern sagen wir immer nach dem Essen: „Nun haben wir uns leiblich gestärkt, jetzt wollen wir uns auch geistlich stärken! Dies ist noch wichtiger für den Tag!" So wissen und lernen sie von früh auf, dass es nicht nur leibliche, sondern auch geistliche Nahrung gibt und dass die letztere besonders wichtig ist!

Die Öffnung des vierten Siegels: Der Reiter auf dem fahlen Pferd

Kommen wir nun zum vierten Siegel: **Und als es das vierte Siegel öffnete, hörte ich die Stimme des vierten lebendigen Wesens sagen: Komm und sieh! Und ich sah, und siehe: ein fahles Pferd.**

Für das deutsche Wort „fahl" steht im griechischen das Wort „chloros". Wir kennen Begriffe wie „Chlorophyll" oder „Chloroform". Gemeint ist die so genannte Leichenfarbe bzw. Leichenblässe, wenn die Hautfarbe eine Blutleere aufweist. Aufgrund dieser Farbe ist dieses Pferd auch das Symbol für den Tod: **und der darauf saß, dessen Name ist der Tod, und das Totenreich folgt ihm nach.**

Nun wird das Sterben symbolisiert. Es ist bei den Gerichten aufschlussreich, zu beobachten, dass nicht sofort die ganze Menschheit ausgerottet wird. Zunächst handelt es sich nur um einen Teil, in diesem Falle um ein Viertel. Später wird einmal „ein Drittel der Schöpfung" als gerichtsreif genannt. Erst die Zornschalengerichte ergießen sich über die ganze Schöpfung und Menschheit, nämlich über alle, die das Malzeichen des Tieres angenommen haben. Die Gemeinde Jesu wurde vorher entrückt (siehe meine Auslegung zu Offenbarung 11) Beim vierten Siegel aber gilt: **Und ihnen wurde Vollmacht gegeben über den vierten Teil der Erde, zu töten mit dem Schwert und mit Hunger und mit Pest und durch die wilden Tiere der Erde.**

Hier werden nun vier klassische Plagen genannt, die auch im Alten Testament immer wieder als die typischen Gerichtsplagen Gottes auftreten.

Diese werden besonders ausführlich in Hesekiel 14,12-23 geschildert. In diesem Abschnitt werden die vier Plagen des Strafgerichtes Gottes beschrieben: Der Hunger (Hungersnot), wilde Tiere, der Krieg (das Schwert) und die Pest. Parallel dazu werden drei große Gottesmänner namentlich genannt: Noah, Daniel und Hiob. Nun wird in diesem Abschnitt immer wieder gesagt: Wenn diese drei Männer in dem Land, das Gott strafend heimsucht, wohnen würden, so würden sie durch ihre Gerechtigkeit nur ihre eigene Seele retten. Das bedeutet: Wenn Gottes Gericht zur Fülle gekommen ist, wird es ohne Einschränkung vollstreckt werden. Abraham konnte zum Beispiel für Sodom noch bitten und Gott hätte die Stadt verschont, wenn nur zehn Gerechte darin gefunden worden wären. Aber in Hesekiel 14,17 steht: **Oder wenn Ich ein Schwert über dieses Land brächte und spräche: „Das Schwert soll durchs Land fahren!", und wenn Ich Menschen und Vieh daraus vertilgen würde, und diese drei Männer** (nämlich Noah, Daniel und Hiob, welche als besonders gottesfürchtig bekannt sind) **wären darin: So wahr Ich lebe, spricht Gott, der HERR, sie könnten weder Söhne noch Töchter retten, sondern sie allein würden gerettet werden!**

So hat sich Gottes Gericht in der Zeit von Hesekiel schon zugespitzt! Und doch spricht Hesekiel in diesem Abschnitt von einem geretteten Rest in Jerusalem: So steht in Hesekiel, 14,21ff zu lesen: **Denn so spricht Gott, der HERR: Wie viel mehr, wenn Ich Meine vier schlimmen Gerichte, das Schwert, den Hunger, wilde Tiere und Pest über Jerusalem senden werde, um Menschen und Vieh daraus zu vertilgen? Doch siehe, es werden Gerettete darin übrig bleiben, die heraufgeführt werden, Söhne und Töchter.**

Eine gerichtsreife Menschheit

Auch heute schon können wir als Vorschattung diese vier Gerichtsarten beobachten. Nehmen wir die Seuchen als Beispiel: Aids rafft viele Menschen dahin und geht in aller

Regel mit Unmoral, mit dem Bruch der Ordnungen Gottes und Unzucht einher. So wird Aids oft durch uneheliche und außereheliche Beziehungen übertragen. Wir wollen für diese Menschen beten, dass sie umkehren und Linderung erfahren, aber wir müssen sie auch vor dem Weg der Sünde warnen. Dazu ein Wort: Wenn Homosexualität gottgewollt wäre, wäre die Menschheit ausgestorben. Diese sexuelle Abartigkeit entspricht einfach nicht dem Plan Gottes. Wir wollen diesen Menschen seelsorgerlich helfen, aber wir können die Homosexualität nicht absegnen, als sei sie das Normalste der Welt. Die großflächige Tolerierung schöpfungswidriger Sexualität ist ein Zeichen der Endzeit, in der Sünde nicht mehr Sünde genannt werden darf. Der Mensch stopft sich vor Gottes Wort immer fester die Ohren zu und versinkt immer tiefer im Schlamm der Sünde.

So stirbt bei der Erscheinung des vierten Reiters ein Viertel der Menschen durch die vier Plagen Gottes. Obgleich ein Viertel schon eine hohe Zahl ist, ist dieses eingeschränkte Gericht Gottes noch einmal ein Bußruf in letzter Zeit. Und doch wissen wir, dass dies - Hunger, Kriege, Seuchen etc. - **der Anfang der Wehen** ist, wie Jesus in Matthäus 24 sagt.

Wieder ergeht die Frage an uns: Werden wir an der Hoffnung festhalten, die über den irdischen Tod hinausreicht, wenn Gottes Gerichte über die Erde gehen?

Die Öffnung des fünften Siegels: Die Blutzeugen unter dem Altar

Im fünften Siegel begegnet uns nun etwas ganz anderes. Es herrscht eine völlig andere Atmosphäre (Stimmung) als in den vorigen Siegeln, denn die Schau wechselt nun von der Erde in den Himmel. Der Altar, von dem nun die Rede sein wird, ist am Thron Gottes (in Offb. 8,3 wird dieser Altar dort lokalisiert): **Und als es das fünfte Siegel öffnete, sah ich unter dem Altar die Seelen derer, die hingeschlachtet worden waren um des Wortes Gottes willen und um des Zeugnisses willen, das sie hatten. Und sie riefen mit lauter Stimme und sprachen: Wie**

lange, oh HERR, Du Heiliger und Wahrhaftiger, richtest Du nicht und rächst nicht unser Blut an denen, die auf der Erde wohnen?

Dies sind die Märtyrer, die um des Herrn Jesus willen dahingeschlachtet worden sind. Wir denken an die leidende Gemeinde von Smyrna, welche ein Bild für die leidende Gemeinde aller Zeiten ist. Smyrna war eine historische Gemeinde, sie ist aber auch eine repräsentative Beschreibung des Leidens der Christen aller Zeiten durch alle Jahrhunderte hindurch. Das Leiden wird sich natürlich besonders für die Christen zuspitzen, die in der Trübsalszeit leben; die dahingeschlachtet werden, wenn der Antichrist seine friedliche Maske fallen lässt und alle, die in dieser Zeit zu Jesus halten und das Malzeichen des Tieres nicht angenommen haben, blutig verfolgen lässt. In Offenbarung 13 finden wir dies ausführlich beschrieben.

Es gab zu jeder Zeit Märtyrer unter den Christen, aber besonders viele in der Endzeit. Die Zahl der verfolgten Christen nimmt zu! Viele Menschen denken, dass wir heute in einer so humanen Zeit leben, dass es keine Christenverfolgungen gibt. Allein die Verfolgungszahlen im 20. Jahrhundert, die heute bekannt werden, übertreffen jedoch die Verfolgungen aller vorherigen Jahrhunderte um ein Vielfaches! Viele unserer Geschwister sterben heute um des Herrn Jesus willen, weil sie Gottes Wort lieben und weil sie Jesus treu sein wollen und Ihn bezeugen. Diese zwei Kennzeichen der Märtyrer werden in unserem Abschnitt genannt: **... um des Wortes Gottes willen und um des Zeugnisses willen, das sie hatten.**

Sie haben festgehalten am Worte Gottes. Sie haben nichts zu Gottes Wort hinzugetan und nichts davon hinweg genommen. Sie sind, so würde man heute sagen, christliche Fundamentalisten, die auf dem Fundament Jesus Christus stehen. Sie haben auch kein verwässertes Evangelium, keine verfälschten Bibeln, und sie verleugnen den Herr Jesus Christus nicht. Sie haben das Wort Gottes in seiner ganzen Fülle ernst genommen. Auch haben sie nicht geschwiegen, sondern ihren Glauben bezeugt. Der Herr Jesus sagt ja in Matthäus 10,32: **Wer nun Mich bekennt vor den Menschen, den will auch Ich bekennen vor Meinem himmlischen Vater. Wer Mich aber verleugnet vor den Menschen, den will auch Ich verleugnen vom Meinem himmlischen Vater.**

Konsequentes christliches Reden und Leben ist für diese Christen kennzeichnend. Aber sie wurden verfolgt und dahingeschlachtet.

Grundsätzlich ist zur Auslegung der Offenbarung zu sagen, dass sie zwar oft, aber nicht immer chronologisch vorgeht. Dies macht die Auslegung oft schwierig. Manche Passagen greifen verschiedenzeitlich (in Vor- oder Rückschau) ineinander. So tritt der Antichrist schon in Kapitel 6 auf, wird dann auch bei den zwei Zeugen in Kapitel 11 erwähnt und in Offenbarung 13 in einer neuen Schau besonders ausführlich dargestellt. So steht über ihn in Offenbarung 13,7ff: **Es wurde ihm** (nämlich dem Tier aus dem Meer, dem Antichristen) **gegeben** (nämlich von Gott. Gott bleibt im Regiment!) **Krieg zu führen mit den Heiligen und sie zu überwinden.**

Dies klingt grauenhaft, aber Gott hat dies in Seinem Plan zugelassen (und Er weiß auch warum!). Dieser Vers, Offenbarung 13,7, bezieht sich auf die Märtyrer, welche in Offenbarung 6 unter dem Altar stehen. **... und es wurde ihm** (dem Tier) **Macht gegeben über jeden Volksstamm und jede Sprache und jede Nation. Und alle, die auf der Erde wohnen, werden es anbeten, deren Namen nicht geschrieben stehen im Buch des Lebens des geschlachteten Lammes von Grundlegung der Welt an.**

Diejenigen also, die in dieser Zeit leben und das Tier nicht anbeten, werden getötet werden.

Gott wird das Blut Seiner Zeugen rächen

Betrachten wir nun den Ausdruck: **unter dem Altar** näher. In Offenbarung 8,3 steht: **Und ein anderer Engel kam und stellte sich an den Altar, der hatte ein goldenes Räucherfass; und ihm wurde viel Räucherwerk gegeben, damit er es zusammen mit den Gebeten aller Heiligen auf dem goldenen Altar darbringe, der vor dem Thron ist.**

Johannes hat hier einen himmlischen Einblick vor dem Thron Gottes. An diesem wohl bildlich gesehenen Altar befindet sich eine Rinne für das Opferblut, welche mit dem Blut der Märtyrer gefüllt ist, das vergossen wurde um ihres Glaubens willen. Dieses Blut schreit zu Gott, - in gleicher Weise wie das Blut Abels in 1. Mose 4,10, welcher von seinem Bruder Kain hingemordet wurde. Das Blut schreit zu Gott. Die Seele, das Leben - hebräisch: näfäsch - ist laut dem Worte Gottes im Blut. **Und sie riefen mit lauter Stimme und sprachen: Wie lange, oh HERR, Du Heiliger und Wahrhaftiger, richtest Du nicht und rächst nicht unser Blut an denen, die auf der Erde wohnen?**

Wollen die Märtyrer denn nun Rache für sich? So könnte man diesen Abschnitt zunächst verstehen. Nein. Wir werden an das Wort aus Römer 12,19 erinnert: **Rächt euch nicht selbst, Geliebte, sondern gebt Raum dem Zorn Gottes; denn**

es steht geschrieben: „Die Rache ist Mein; ich will vergelten, spricht der HERR".

Ja, Gott wird Rache üben! Der Mensch soll dies nicht tun. Gott wird alles Unrecht, das geschehen ist, rächen. Es ist und bleibt Unrecht, wenn Menschen um Jesu willen getötet werden. Wir Christen sollen unsere Feinde lieben und ihnen vergeben, aber dennoch bleibt es in den Augen Gottes Unrecht, wenn sie uns misshandeln und töten. Gott wird dies rächen, insofern der Feind nicht Buße tut. Aber - **Gott** wird es rächen und nicht wir! So sagte auch die Witwe Susanne Geske in der Türkei, deren Ehemann um seines Glaubens willen ermordet wurde, dass sie keine Rache sucht, sondern dieses Unrecht dem HERRN anheim stellt. Gott kann es ja sogar noch schenken, dass die Mörder ihr Unrecht einsehen und sich bekehren!

Welchen Jubel würde es geben, wenn dies einst geschähe! Wenn wir uns selbst rächen, nehmen wir unseren Feinden die Möglichkeit, sich zu bekehren! Ist uns dies bewusst? Würden wir Gleiches mit Gleichem vergelten, z. B. einen Mord aus Rache, so würden wir diesem Menschen die Möglichkeit nehmen, sich zu bekehren, und würden uns schuldig machen, wenn er dann verloren geht. Jesus und die Apostel fordern uns ja zum Gegenteil auf: **Vergeltet niemand Böses mit Bösem ...** (Römer 12,17ff). Der Christ ist dazu angehalten, seinen Feinden grenzenlos zu vergeben, so wie er sich das ja auch in seinem Falle von Gott erhofft! Dies ist der geistliche Weg. Die Märtyrer in unserem Offenbarungstext beten gleichsam darum, dass der Tag der Gerechtigkeit Gottes anbricht, an welchem Gott selbst Rache übt! Das Gericht über die Menschen ist dem Sohn, Jesus Christus, übergeben, und Er wird dann alles Unrecht in göttlicher Gerechtigkeit richten.

Weiße Kleider für die Blutzeugen

Und jedem von ihnen wurden weiße Kleider gegeben ...: Weiße Kleider! Ist das nicht wunderbar?! Wir wissen nicht genau, wie der Zwischenzustand der in Christus Entschlafenen, bzw. der Toten generell, vor der leiblichen Auferstehung der

Toten beschaffen ist. Allerdings bin ich der Ansicht - von Lukas 16 ausgehend (Bericht über den reichen Mann und den armen Lazarus) - , dass es nach dem Tode zunächst einen leibfreien Zwischenzustand gibt, in dem die Geretteten von den Verlorenen durch eine unüberwindbare Grenze (Kluft) getrennt sind. Der Auferstehungsleib wird bei der Entrückung den Geretteten (1. Thess. 4,13-17) und am Jüngsten Tag den Verlorenen zugeteilt (Offb. 20,11ff), wobei die Geretteten in die himmlische Herrlichkeit, die Verlorenen in die ewige Verdammnis gehen. Der Christ erhält seinen Auferstehungsleib als Herrlichkeitsleib gemäß 1. Korinther 15. Von unserem Tode bis zum Erhalt des Auferstehungsleibes sind wir jedenfalls nicht etwa inexistent (nicht existierend), sondern befinden uns in einem Zwischenzustand von himmlischer Prägung, die Ungläubigen jedoch von höllischer Prägung.

Das weiße Kleid ist ein Bild dafür, dass nach dem Tode des Christen alles an ihm abgewaschen wird, was unrein und sündig ist, - dies geschieht auf der Rechtsgrundlage des Blutes Jesu Christi, das von aller Sünde reinigt. Auch wenn Christen als Märtyrer sterben, sind sie dennoch auch Sünder gewesen. Aber die Gerechtigkeit Jesu Christi wird ihnen zugeeignet und sie werden mit Seiner Gerechtigkeit überkleidet. Aus diesem Grunde haben sie dann ein weißes Kleid an.

... und es wurde ihnen gesagt, dass sie noch eine kleine Zeit ruhen sollten, bis auch ihre Mitknechte und ihre Brüder vollendet wären, die auch wie sie getötet werden sollten.

Dies ist eine sehr interessante Stelle, denn durch sie wissen wir, dass auch nach dem irdischen Tode die Zeit noch andauert. Es handelt sich hier um eine Zeit des Wartens. Die getöteten Christen in dieser Zeit sollen warten, **bis auch ihre Mitknechte und ihre Brüder vollendet wären, die auch wie sie getötet werden sollten.** Wir stehen ja hier am Anfang der Wehen! Noch andere Blutzeugen, Märtyrer Jesu Christi, werden zu den bereits getöteten hinzukommen. Wir befinden uns hier im Text in der Zeit des fünften Siegels und erst die siebte Zornschale beendet das Gericht Gottes. So werden sich in der Trübsalszeit sehr wohl auch Gläubige (Christen) auf der Erde befinden - und getötet werden. Dies geht klar aus unserem Textabschnitt hier aus Offenbarung 6 hervor. So sollen die Märtyrer des fünften Siegels warten, bis die Vollzahl der Blutzeugen eingegangen ist.

Wir sehen also hier, dass bis zum Abschluss von Gottes Heilsplan und Heilsgeschichte die Zeit nach dem irdischen Tode des Menschen weiterläuft, bis sie in die Ewigkeit mündet. Dieser Abschnitt des fünften Siegels spricht gegen die Theorie vom Seelenschlaf oder gar einer Auslöschung des Menschen, sondern es gibt nach dem Tode des Menschen ein Bewusstsein. Wäre dem nicht so, könnten die Märtyrer aus Offenbarung 6 nicht zu Gott rufen und sprechen. Was das Geheimnis der Vollzahl der Märtyrer anbelangt, gibt es eine Bibelstelle im Kolosserbrief, welche ebenfalls schwer zu verstehen ist, aber sich in unserem Zusammenhang vielleicht erklärt. In Kol. 1,24ff lesen wir: **Jetzt freue ich mich in meinen Leiden, die ich um euretwillen erleide, und ich erfülle meinerseits in meinem Fleisch, was noch an Bedrängnissen des Christus aussteht um Seines Leibes willen, welcher die Gemeinde ist.**

Die Märtyrer ergeben zusammen die Vollzahl der Leiden des Christus (gemeint ist hier: die Leiden des Leibes des Christus, nämlich der Gemeinde!). Man könnte diesen Vers so missverstehen, dass das Leiden Jesu nicht ausgereicht hat und ergänzt werden muss. Hierzu ist folgendes zu sagen: Der Herr Jesus hat am Kreuz von Golgatha eine vollständige Erlösung für Seine Gemeinde vollbracht. Aber was der Apostel Paulus hier im Kolosserbrief meint, sind die Nachfolgeleiden, die Leiden der Gemeinde Jesu, welche in der Nachfolge auf sie zukommen, - die Leiden um Jesu willen! Wir können und müssen keine Leiden für die Vergebung unserer Sünden erbringen, für diese hat Jesus bezahlt und konnte nur Jesus als das alleinige heilige Opferlamm bezahlen! Aber für uns Christen gilt Johannes 15,20: **Der Knecht ist nicht größer als sein Herr. Haben sie Mich** (Jesus) **verfolgt, so werden sie auch euch verfolgen ...** Die Leiden der Christusgemeinde in ihrer Nachfolge Jesu entstammen Gottes Plan.

Nun ergeht die Frage an uns: Werden wir dem HERRN treu bleiben, selbst wenn es unser irdisches Leben kosten sollte?

Die Öffnung des sechsten Siegels

Kommen wir nun zum sechsten Siegel. Vor der Öffnung des siebten Siegels (Offb. 8) steht ja Kapitel 7 der Offenbarung, welches von der Versiegelung der 144.000 und der großen Schar berichtet. So gibt es auch im Wort Gottes immer wieder Ruhepausen zwischen den Gerichten, - Rufe zur Umkehr!

Das sechste Siegel nun ist besonders drastisch: **Und ich sah, als Es das sechste Siegel öffnete, und siehe, ein großes Erdbeben entstand.** Hier ist von einem großen Erdbeben die Rede, und ich bin davon überzeugt, dass die folgenden kosmischen Erscheinungen in unmittelbarem Zusammenhang damit stehen: **... und die Sonne wurde schwarz wie ein härener Sack** (wie ein Trauersack) **und der Mond wurde wie Blut. Und die Sterne des Himmels fielen auf die Erde, wie ein Feigenbaum seine unreifen Früchte abwirft, wenn er von einem starken Wind geschüttelt wird. Und der Himmel entwich wie eine Buchrolle, die zusammengerollt wird, und alle Berge und Inseln wurden von ihrem Ort weggerückt.**

Es gibt eine wichtige Auslegungsregel für das Bibelstudium: Wenn der Zusammenhang, in welchem die Bibelstelle steht, nicht zu einer symbolischen Auslegung zwingt, muss diese Bibelstelle zunächst einmal wörtlich verstanden werden. Es ist ein Kennzeichen von Sekten, einerseits symbolisch zu deuten, wenn eine wörtliche Auslegung verlangt wird, andererseits aber symbolische Zusammenhänge in der Bibel (z. B. Gleichnisse) wörtlich zu nehmen. Soweit es der Zusammenhang also nicht zwingend anders verlangt, sollen wir die Bibel immer wörtlich nehmen.

„Schöpfung rückwärts"

So denke ich, dass es sich hier im sechsten Siegel um kosmische bzw. terrestrische (die Erde, lat. terra, betreffende) Umwälzungen (griech.: Katastrophen) und Zerstörungen handelt. Man spricht auch von „der Schöpfung rückwärts". Gott nimmt Seine Schöpfung wieder zurück. Der Schlüssel dazu ist das Wort Jesu in Matthäus 24,35: **Himmel und Erde werden vergehen; aber Meine Worte werden nicht vergehen**.

Himmel und Erde werden vergehen! Dies ist eine Realität. Auch in 2. Petrus 3 wird gesagt, dass die Elemente vor Hitze schmelzen werden.

Bevor ich darauf weiter eingehe, möchte ich noch zwei weitere Auslegungsversuche zum sechsten Siegel schildern, welche uns immer wieder in der theologischen Literatur begegnen und die nicht völlig von der Hand zu weisen sind. Manche Ausleger sehen diese drastische kosmische Schilderung als Symbolik für geistige Erschütterungen im Weltgeschehen. Es handle sich hierbei um Umwälzungen in der Geschichte wie z. B. um die Französische Revolution, wobei dann mit den Sternen, die vom Himmel fielen, die damaligen Kaiser und Könige gemeint seien. Andere Ausleger deuten Offb. 6 auf Israel, weil der Feigenbaum, welcher in diesem Abschnitt erwähnt wird, ein Symbol für Israel sei. Sonne und Mond würden dann auf Jakob und Rahel hinweisen, welche ja in Josefs Traum in 1. Mose 37,9ff in diesen Bildern erwähnt werden, und die Sterne seien ein Hinweis auf Josefs Brüder. Dieser prophetische Traum Josefs ging ja dann tatsächlich in Erfüllung, wie wir in der Josefsgeschichte (bis 1. Mose 50) lesen können. Allerdings halte ich diese Auslegung, Offb. 6 auf Israel zu deuten, für zu kurz gegriffen. Es wäre in diesem Fall schwerlich ein endzeitlicher Sinn zu erkennen. Ich sehe in den geschilderten Bildern des sechsten Siegels dagegen tatsächliche kosmische Katastrophen, im Sinne des Begriffs „Schöpfung rückwärts". Die wörtliche Erfüllung dieses Begriffs ist deshalb möglich, weil bei Gott kein Ding unmöglich ist.

Erdbeben, Tsunamis, Vulkanausbrüche

Die Versiegelung in Offb. 7 geschieht ja spätestens vor dem siebten Siegel, da nach dessen Eröffnung Erde und Meer noch heftiger geschädigt werden als in Kapitel 6. Um welche Katastrophen könnte es sich aber nun bei der Öffnung des sechsten Siegels handeln? Zunächst wird hier ein Erdbeben ge-

nannt. In Offenbarung 16 bei der Ausgießung der Zornschalen wird noch einmal ein Erdbeben geschildert, das so gewaltig ist, wie es die Erde noch nie erlebt hat. Der Herr Jesus nennt in Matthäus 24,6 Erdbeben als endzeitliche Phänomene (Erscheinungen). Auch in der Endzeit, in welcher wir jetzt leben vor der endgültigen Trübsals-Epoche, erfahren wir eine gesteigerte Erdbebentätigkeit, wozu auch die Seebeben gehören, welche dann die furchtbaren Riesenwellen (so genannte „Tsunamis“) hervorbringen. Fast jede Woche werden in der Zeitung neue Erdbeben vermeldet. Auch ist es statistisch anhand seismographischer Messungen nachgewiesen, dass die Häufigkeit und Stärke von Erdbeben zugenommen hat. Man erklärt dies durch die Erdplattenverschiebungen. Aber Gott gebraucht diese natürlichen Auflösungserscheinungen unseres Erdballs, um die Katastrophen zu vermehren.

So drohen der Erde Erdbeben, Seebeben und Vulkanausbrüche. Die Erdkruste, auf der wir wohnen, ist ja nur eine dünne Schicht über einer glühenden Lavakugel! Auch heiße Quellen zeugen davon, dass es überall unter der Erde Hitze gibt. Machen wir uns bewusst, dass wir auf einem Glutball leben. Erd- und Seebeben hängen oft mit Vulkanausbrüchen zusammen, wenn die Lava im Erdinneren nach oben drängt. Im Mittelmeer soll - Presseberichten nach - ein Vulkan schlummern, der bei seinem Ausbruch bis zu 100 Meter hohe Flutwellen auslösen würde. Dies wäre für die anliegenden Küstenländer eine furchtbare Katastrophe. Auch Erdverschiebung und Erdverfinsterung hängen miteinander zusammen. Heftige Vulkanausbrüche können sehr wohl dafür sorgen, dass sich die Sonne und der Mond verfinstern. Die Verfinsterung der Sonne, ein Hinweis auf die neunte ägyptische Plage in 2. Mose 10, könnte auch eine Strahlungsveränderung sowie Temperaturveränderungen bewirken. (Geistlich gesehen, gibt es die Auslegung, dass die Sonne für Gott steht und dass es sich bei deren Verfinsterung um ein Bild für eine geistliche Verfinsterung der Menschheit in der Endzeit handelt. Dies ist eine zweite Deutungsstufe, welche die erste, wörtliche Deutung auf Naturkatastrophen nicht ausschließen oder umgehen darf.)

Das Fallen der Sterne vom Himmel interpretieren manche Ausleger als einen Meteoritenhagel. Bei Meteoriten handelt es sich nicht um ganze Sterne, wie die Sonne, sondern um kleinere und größere Gesteinsbrocken aus dem Weltall. Die Erde ist ja von einem Meteoritengürtel umgeben. Durch die Wucht des Einschlags reißen schon kleinere Brocke riesige Krater. Der Gott, der Himmel und Erde geschaffen hat, kann solche kosmischen Veränderungen durch ein Wort einleiten. Mit unserem Verstand sind diese Vorgänge oft schwer zu begreifen, aber Gottes Wirken übersteigt unseren begrenzten Verstand. Denken wir nur an das Wunder der Meeresteilung beim Auszug der Kinder Israel aus Ägypten (2. Mose 14f) sowie an viele andere kosmischen Wunder Gottes, wie z. B. das Öffnen von Erdspalten als Gerichtshandlung (4. Mose 16,31ff)!

Vulkane schleudern große Mengen an Staub und Asche in die Atmosphäre. Als der Vulkan Krakatau 1883 ausbrach, war der Himmel wochenlang verfinstert und die Menschen klagten über Ascheregen und Dunkelheit. Ähnliche, aber schlimmere Katastrophen werden auch das Ende der Welt prägen.

Der Mensch will Gott spielen

Manche Ausleger deuten das sechste Siegel auch als Nuklearkatastrophe, worüber insbesondere das bekannte Buch von Bernhard Philbert „Christliche Prophetie und Nuklearenergie" berichtet. Bei den Posaunengerichten werde ich darauf noch zu sprechen kommen. Ich denke, dass einige seiner Beobachtungen richtig sind. So könnte Johannes z. B. durchaus moderne Waffensysteme geschaut haben, die in der damaligen Zeit schwer vorstellbar gewesen sind. So könnte Johannes mit den Bildern seiner Zeit z. B. Hubschrauber als Heuschrecken geschaut haben. Davon mehr bei den Posaunengerichten.

Eine Nuklearkatastrophe ist keineswegs auszuschließen, besonders dann, wenn wir die folgenden Verse betrachten: **Und der Himmel entwich wie eine Buchrolle, die zusammengerollt wird, und alle Berge und Inseln wurden von ihrem Ort weggerückt.**

Dass der Himmel entwich, könnte bedeuten, dass man ihn aufgrund der beschriebenen Vulkantätigkeit nicht mehr gesehen hat. Es könnte aber tatsächlich auch auf eine Auflösung des Kosmos hinweisen, indem so etwas wie ein Schwarzes Loch entsteht. Man weiß heute, dass es Materie und Antimaterie gibt und die Antimaterie die Eigenschaft hat, gewissermaßen die Materie in sich „aufzusaugen".

Im Sommer 2008 begann eine Forschungsgemeinschaft in der Schweiz ein Experiment im Bezug auf ein Schwarzes Loch. Sie möchte tatsächlich versuchen, ein Schwarzes Loch zu erzeugen, um der Beweisführung der Theorie des „Urknalls" näher zu kommen. Wenn dieses Experiment gelingt und außer Kontrolle gerät, könnte tatsächlich ein Schwarzes Loch in der Schweiz entstehen, das unseren gesamten Kosmos in sich „aufsaugt". Etliche seriöse Wissenschaftler haben daher gegen dieses Vorhaben protestiert und davor gewarnt. Dies ist wieder ein Experiment, das die Grenzen dessen, was dem Menschen an Machbarem zugeteilt ist, überschreitet.

Dasselbe gilt für die Züchtung von Mischwesen, so genannten Chimären - Genmanipulationen, die Mischungen aus Mensch und Tier ergeben sollen. Auch wenn es gelingt, bleibt es ein furchtbarer Frevel! Der Mensch möchte immer wieder sein wie Gott (1. Mose 3,5) und fordert dadurch das Gericht Gottes heraus. Gott schafft alles vollkommen, und der Mensch kann durch sein böses „Schöpfungsspiel" alles nur verschlimmern.

Wer wird bestehen?

Nach dem Ausgeführten halte ich es für möglich, dass Gott die bestehende Materie zurücknimmt und etwas ganz Neues schafft. Die Katastrophen, welche diese Neuschaffung einleiten, werden so schlimm sein, dass die letzten Verse von Offb. 6 die Folge davon sind: **Und die Könige der Erde und die Großen und die Reichen und die Heerführer und die Mächtigen und alle Knechte und alle Freien** (also ausnahmslos jeder, ob groß oder klein, ob arm oder reich) **verbargen sich in den Klüften und in den Felsen der Berge.**

Auch für die Könige gilt dies. Wir wissen ja, wie die Diktatoren oft geendet sind. Hitler verkroch sich im Führerbunker und nahm sich dort (höchstwahrscheinlich) das Leben. Auch Saddam Hussein, der sich für den neuen Nebukadnezar hielt, wurde aus einem Erdloch heraus verhaftet. Der König Nebukadnezar verlor ja für einige Zeit seinen Verstand und lebte wie ein Tier (Daniel 4). Allerdings fand er zur Umkehr, während Saddam Hussein dies (höchstwahrscheinlich) nicht mehr vergönnt war. Auch für die Mächtigen gilt: „Ihr Ende schauet an ..." Die Menschen, die in dieser hier beschriebenen Zeit leben (die prophetische Rede steht in Vergangenheit, bezieht sich aber auf die Zukunft!), wissen nicht mehr aus noch ein:

... und sie sprachen zu den Bergen und zu den Felsen: Fallt auf uns und verbergt uns vor dem Angesicht dessen, der auf dem Thron sitzt, und vor dem Zorn des Lammes. Denn der große Tag Seines Zorns ist gekommen - und wer kann bestehen?

Wer wird denn bestehen? Wir wissen: Nur der, welcher im Lebensbuch des Lammes, Jesus Christus, steht! Diese Überwinder bekommen weiße Kleider. Wenn wir wissen, dass sich dieser Tag - der große Tag des Zornes Gottes - naht, so gilt für uns Christen, was der Herr Jesus Seinen Jüngern in Lukas 21,28 sagt: **Wenn aber dieses anfängt zu geschehen, dann seht auf und erhebt eure Häupter, weil sich eure Erlösung naht.** Erheben wir unsere Häupter in Freude, wenn wir sehen, dass sich durch alle Gerichte hindurch (wir erleben ja jetzt die Vorwehen!) der große Tag der Wiederkunft unseres Herrn Jesus Christus naht?! Amen.

Wir beten: *Lieber Heiland, Herr Jesus Christus, wir danken Dir, dass Du alles Zukünftige in Deinem Wort geoffenbart hast. Auch wenn wir nicht alles verstehen, so wissen wir doch, dass es das Wesentliche überhaupt ist, in Deinem Lebensbuch geschrieben zu stehen. So bekehre doch jedes Herz, das noch nicht Dein ist, zu Dir. Und stärke uns, die wir Dich kennen und lieben, dass wir jetzt schon in den Vorwehen der Endzeit festbleiben in Dir und dass wir Dir dienen, solange es noch Tag ist. Gib uns dazu Kraft, Weisheit und Liebe. In Deinem Namen. Amen.*

Die 144.000 Versiegelten und die große Schar

Offenbarung 7

Danach sah ich vier Engel an den vier Enden der Erde stehen, die hielten die vier Winde der Erde fest, damit kein Wind wehe über die Erde noch über das Meer noch über irgendeinen Baum. Und ich sah einen anderen Engel, der von Sonnenaufgang heraufstieg, der hatte das Siegel des lebendigen Gottes, und er rief mit lauter Stimme den vier Engeln zu, denen es gegeben war, der Erde und dem Meer Schaden zuzufügen, und er sprach: „Schädigt die Erde nicht noch das Meer noch die Bäume, bis wir die Knechte unseres Gottes an ihren Stirnen versiegelt haben!" Und ich hörte die Zahl der Versiegelten: 144.000 Versiegelte aus allen Stämmen der Kinder Israels: Aus dem Stamm Juda 12.000 Versiegelte, aus dem Stamm Ruben 12.000 Versiegelte, aus dem Stamm Gad 12.000 Versiegelte, aus dem Stamm Ascher 12.000 Versiegelte, aus dem Stamm Naftali 12.000 Versiegelte, aus dem Stamm Manasse 12.000 Versiegelte, aus dem Stamm Simeon 12.000 Versiegelte, aus dem Stamm Levi 12.000 Versiegelte, aus dem Stamm Issachar 12.000 Versiegelte, aus dem Stamm Sebulon 12.000 Versiegelte, aus dem Stamm Josef 12.000 Versiegelte, aus dem Stamm Benjamin 12.000 Versiegelte.

Nach diesem sah ich, und siehe, eine große Schar, die niemand zählen konnte, aus allen Nationen und Stämmen und Völkern und Sprachen, die standen vor dem Thron und vor dem Lamm, bekleidet mit weißen Kleidern, und Palmzweige waren in ihren Händen, und sie riefen mit lauter Stimme und sprachen: „Das Heil ist bei unserem Gott, der auf dem Thron sitzt, und bei dem Lamm!" Und alle Engel standen ringsum um den Thron und um die Ältesten und die vier lebendigen Wesen und fielen vor dem Thron auf ihr Angesicht und beteten Gott an und sprachen: „Amen. Lob und Herrlichkeit und Weisheit und Dank und Ehre und Macht und Stärke gebührt unserem Gott von Ewigkeit zu Ewigkeit. Amen."

Und einer von den Ältesten ergriff das Wort und sprach zu mir: „Wer sind diese, die mit weißen Kleidern bekleidet sind, und woher sind sie gekommen?" Und ich sprach zu ihm: „Herr, du weißt es." Und er sprach zu mir: „Das sind die, welche aus der großen Drangsal kommen, und sie haben ihre Kleider gewaschen, und sie haben ihre Kleider weiß gemacht in dem Blut des Lammes. Darum sind sie vor dem Thron Gottes und dienen Ihm Tag und Nacht in Seinem Tempel, und der auf dem Thron sitzt, wird Sein Zelt aufschlagen über ihnen. Und sie werden nicht mehr hungern und nicht mehr dürsten, auch wird sie die Sonne nicht treffen noch irgendeine Hitze. Denn das Lamm, das inmitten des Thrones ist, wird sie weiden und sie leiten zu lebendigen Wasserquellen, und Gott wird abwischen alle Tränen von ihren Augen."

Gott versiegelt die Seinen

Es ist bewegend, dass hier der Einschub in der Johannes-Offenbarung zwischen dem 6. und 8. Kapitel erfolgt, in welchem von der Versiegelung der Geretteten die Rede ist. Das zeigt uns inmitten der Gerichte, die Gott aufgrund der Unbußfertigkeit der Menschen über die Welt bringen muss, dass Er die Fäden in der Hand hält und diejenigen versiegelt, die Ihm gehören.

Denn das Siegel ist
- ein Eigentumszeichen
- eine Besitzerklärung
- ein Schutzzeichen
- ein Ausdruck der Autorität Gottes, die Er über die Menschen hat, die zu Ihm gehören, die Ihn lieben, die Ihm dienen.

In Vers 1 lesen wir: **„Danach sah ich vier Engel an den vier Enden der Erde stehen, die hielten die vier Winde der Erde fest."**

Wir haben hier drei Mal die Zahl 4:
- 4 Engel
- 4 Enden
- 4 Winde

Das gibt zusammengenommen 12. Auch hier noch, in der Gerichtszeit, finden wir wieder ein Zeichen der Vollkommenheit.

Die vier Enden der Erde bezeichnen alle vier Himmelsrichtungen. Die vier Winde kommen aus allen Himmelsrichtungen, das heißt es ist die Totalität des Gerichts, das Gott senden muss. Aber vier Engel halten die Winde fest. Es sind vier Gerichtsengel. Sie halten diese vier Gerichtswinde zurück, die über die Erde, das Meer oder irgendeinen Baum kommen sollen.

Es sind natürlich schon bei den sechs Siegelgerichten Gerichte über die Schöpfung erfolgt. Aber die Gerichte werden sich beim siebten Siegel, aus welchem die Posaunengerichte hervorgehen, weiter steigern. Kapitel 7 mit der Beschreibung der Versiegelung der 144.000 und der geretteten großen Schar ist ein Einschub, der sich spätestens vor dem 7. Siegel erfüllt, aber womöglich auch schon vorher. Denn da sind ja auch schon Schäden an der Schöpfung erfolgt. Es geht hier um eine Darstellung derer, die inmitten der Gerichte Gottes durch die Versiegelung, die Er ihnen aufträgt, Sein Eigentum sind und bleiben.

Wann wird ein Mensch von Gott versiegelt?

Es wird deutlich, dass hier von zwei Gruppen die Rede ist. Das sehen wir ab Vers 2. Da erscheint **ein anderer Engel,** der aber kein Gerichtsengel, sondern ein Heilsengel ist. Er steigt **von Sonnenaufgang,** von Osten auf, von der Seite aus, wo das Heil aufsteigt - symbolisch gesprochen - , und er bringt dieses Siegel mit sich. Die zwei Gruppen sind:

- die Versiegelten aus den Stämmen der Kinder Israels
- die Versiegelten einer großen Schar aus allen Nationen, Stämmen, Völkern und Sprachen

Es ist auffallend, dass uns hier wieder ausdrücklich Israel begegnet. Das zeigt, dass Gott den Alten Bund nicht vergessen hat. Auch das alte, ursprüngliche Bundesvolk soll ans Ziel kommen, allerdings - das möchte ich gleich vorausschicken - nicht automatisch, weil es „Israel" heißt, sondern es sind nur diejenigen aus dem Volk Israel gerettet, die sich zum Herrn Jesus Christus bekennen. Das ist ganz klar im Zusammenhang der Offenbarung und des Neuen Testaments zum Ausdruck zu bringen.

Sind nur die Gläubigen aus dem Volk Israel versiegelt? Wer ist überhaupt gemeint mit den 144.000? Das ist eine schwierige und viel diskutierte Frage. Ist etwa die große Schar aus allen Nationen nicht versiegelt? Der Schlüssel zu dieser Frage liegt, meines Erachtens, im Epheserbrief, Kapitel 1,13-14: **In Ihm seid auch ihr, nachdem ihr das Wort der Wahrheit, das Evangelium eurer Errettung gehört habt, in Ihm seid auch ihr, als ihr gläubig wurdet, versiegelt worden mit dem Heiligen Geist der Verheißung, der das Unterpfand unseres Erbes ist, bis zur Erlösung des Eigentums zum Lob Seiner Herrlichkeit.**

Wann also ist die Versiegelung erfolgt? Als wir durch Bekehrung und Wiedergeburt gläubig wurden, wurden wir mit dem Heiligen Geist als Unterpfand unseres Erbes im Himmel versiegelt! Als Jesus Christus unser HERR und Meister geworden ist, als wir Ihm unser Leben übereignet haben, da sind wir versiegelt und übrigens auch mit dem Heiligen Geist getauft worden. Dieser Vorgang (Geistestaufe) wird ja von manchen Gruppen als besondere höhere Stufe im Christenleben hingestellt. Aber hier steht ganz klar, dass wir den Heiligen Geist empfangen haben und durch ihn sogar versiegelt wurden in dem Moment, als wir gläubig wurden. Deshalb sind natürlich alle wahren Christen mit dem Heiligen Geist versiegelt.

Es gibt gemäß der Bibel auch die Möglichkeit des Abfalls: die traurige Tatsache, dass man den Heiligen Geist dämpft oder gar von sich stößt, indem man den HERRN Jesus erneut kreuzigt, nachdem man der himmlischen Gaben teilhaftig geworden ist, so wie es etwa in Hebräer Kapitel 6 und 10 zum Ausdruck gebracht wird. Und doch ist diese Versiegelung geschenkt worden. Aber es bedarf sicherlich am Ende doch noch einer besonderen Stärkung, einer Bestätigung dieses Siegels für alle Gläubigen, damit sie dem HERRN treu bleiben und sich nicht von Ihm abwenden. Sie werden besonders gestärkt. Deshalb sprechen manche Ausleger von einer „zweiten Versiegelung" nach dem Gläubigwerden in dem Sinne, dass in der Endzeit die Knechte Gottes noch einmal ganz besonders versiegelt werden. Ich verstehe darunter eine neue Bevollmächtigung und Stärkung inmitten zunehmender Bedrängnis, die Gott durch Seinen Heiligen Geist schenkt.

Die Einheit von Juden- und Heidenchristen

In Offenbarung Kapitel 7 ist nun aber ausdrücklich nur von der Versiegelung der Kinder aus den Stämmen Israels die Rede. Und doch haben wir gesehen, dass alle Gläubigen zunächst einmal mit dem Heiligen Geist versiegelt sind. Es ist wirklich keine einfache Frage. Aber gemäß Epheser 1,13–14 können wir davon ausgehen, dass wir alle mit dem Heiligen Geist versiegelt sind, auch wenn wir nicht nach dem Fleisch aus dem Volk Israel stammen. Der Schlüssel ist: Wir gehören dem Geiste nach auch zum Volk Israel. Die Mauer der Feindschaft zwischen Israel und den Nationen ist in Jesus Christus, der unser Friede ist, niedergerissen. Der Schlüssel, um dies richtig zu verstehen, ist Epheser 2,11–18:

Darum denkt daran, dass ihr, die ihr einst Heiden im Fleisch wart und „Unbeschnittene" genannt wurdet von der so genannten „Beschneidung" (also von den Juden als Heiden tituliert), **die am Fleisch mit der Hand geschieht, dass ihr in jener Zeit ohne Christus wart, ausgeschlossen von der Bürgerschaft Israels und Fremdlinge der Bündnisse der Verheißung. Ihr hattet keine**

Hoffnung und wart ohne Gott in der Welt! Nun aber in Christus Jesus seid ihr, die ihr einst fern wart, nahe gebracht worden durch das Blut des Christus. Denn Er ist unser Friede, der aus beidem eins gemacht und die Scheidewand des Zaunes abgebrochen hat, indem Er in seinem Fleisch die Feindschaft, das Gesetz der Gebote in Satzungen hinweg tat, um die zwei in sich selbst zu einem neuen Menschen zu schaffen und Frieden zu stiften und um die beiden in einem Leib mit Gott zu versöhnen durch das Kreuz, nachdem Er durch dasselbe die Feindschaft getötet hatte. Und Er kam und verkündigte Frieden euch, den Fernen und den Nahen, denn durch Ihn haben wir beide den Zutritt zu dem Vater in einem Geist.

Hier erkennen wir: Durch das Opfer Jesu Christi auf Golgatha, durch welches Er Frieden geschlossen hat mit dem Vater durch Sein Blut, hat Er auch Frieden geschlossen zwischen Juden- und Heidenchristen. Alle, die zu Jesus gehören, egal, ob sie aus Israel oder aus den ursprünglichen Heidennationen stammen, sind EINS in Christus. Das ist der Schlüssel dazu, dass man diese beiden Gruppen aus Offenbarung Kapitel 7 nicht streng trennen darf! Es handelt sich eher um zwei Aspekte (Ansichten) des endzeitlichen Heilsvolkes Gottes von ihrer zurückliegenden Geschichte her, als um eine strenge Aufteilung in zwei Körperschaften, wie es manche Kreise behaupten.

Gott hat Israel nicht vergessen

Warum werden dann hier die Versiegelten aus den Stämmen Israels gesondert aufgezählt? Deshalb, weil Gott zeigen will, dass Er Sein Bundesvolk nicht vergessen hat. Auch aus Israel wird der Rest zum Glauben kommen, vor allem dann, wenn Sacharja Kapitel 12–14 sich erfüllt. Wenn alle Völker gegen Jerusalem in den Krieg ziehen, dann werden sie auf Ihn **schauen, den sie durchbohrt haben.** (Sach. 12,10). Dann wird es auch in Israel eine Bekehrung geben, und es werden sich diejenigen als Überwinder erweisen, die durch den Heiligen Geist Gottes versiegelt sind.

Aufhaltendes und Gnadenzeit

Bis diese Versiegelung in der Gerichtszeit erfolgt ist, findet etwas Aufhaltendes statt. Das lesen wir in den Versen 2 und 3. Der Heilsengel, der vom Osten aufstieg, hatte das Siegel des lebendigen Gottes und **er rief mit lauter Stimme den vier Engeln zu, denen es gegeben war, der Erde und dem Meer Schaden zuzufügen, und er sprach: „Schädigt die Erde nicht noch das Meer noch die Bäume, bis wir die Knechte unseres Gottes an ihren Stirnen versiegelt haben!"**

Die Versiegelung findet an der Stirn statt. Auch das Malzeichen des Tieres wird an der Stirn oder der rechten Hand angebracht (Offb. 13,16), doch im Gegensatz dazu auch das Siegel Gottes, so dass man ganz klar unterscheiden kann, wer vom Geist Gottes geleitet ist:

- Versiegelt durch Gott oder
- Angenommen das Malzeichen des Antichristen

Es ist eine Gnadenzeit, die noch erfolgt. Die Gerichte werden noch aufgehalten, bis die Versiegelung eingetreten ist. Deshalb ist hier von einem aufhaltenden Engel die Rede. Immer wieder werden Engelmächte genannt, auch schon im Buch Daniel (Kap. 10,13.21), die als aufhaltende Mächte in der Gerichtsentwicklung wirken, weil Gott sie beauftragt: „Haltet sie noch zurück, bis Meine Knechte versiegelt sind". Ich denke, dass der katechos bzw. das katechon in 2. Thessalonicher 2 (das Aufhaltende oder der Aufhaltende) ebenfalls ein Engel ist, der das Gericht noch aufhält (eine viel diskutierte Stelle; vgl. hierzu die Ausführungen in meinem Buch „Was kommen wird").

Das Siegel bezeichnet Besitz, Eigentum Gottes, eine Bestätigung: „Dieser Mensch gehört Mir". Dass es an der Stirn angebracht ist, deutet darauf hin, dass hier über die Gedanken, den Verstand, das ganze Wesen des Menschen in Besitz genommen wird. Nach Römer 12,1-2, soll ja unser ganzes Leben ein Gottesdienst sein. Es heißt dort: **„Lasst euch umgestalten durch die Erneuerung eures Sinnes"**. Deshalb ist das Siegel an der Stirn angebracht.

Versiegelung der echten Gläubigen inmitten des Abfalls vom Glauben

Wenn wir ins Alte Testament schauen, finden wir Vorbilder für diese Versiegelung etwa beim Propheten Hesekiel. In Hesekiel Kapitel 9 lesen wir: Bevor das Gericht über Israel durch die Babylonier unter Leitung ihres Königs Nebukadnezar erfolgte, nahm Gott noch einmal eine Versiegelung derer vor, die davor bewahrt werden sollten.

Hesekiel 9,3–6: **Da erhob sich die Herrlichkeit des Gottes Israels von dem Cherub, über dem sie gewesen war, hin zur Schwelle des Hauses, und Er rief dem Manne zu, der das leinene Gewand trug und das Schreibzeug an der Hüfte hatte. Und der Herr sprach zu ihm: „Geh mitten durch die Stadt, mitten durch Jerusalem und mache ein Zeichen auf die Stirn der Leute, die seufzen und jammern über all die Gräuel, die in ihrer Mitte verübt werden." Zu den anderen aber sprach Er vor meinen Ohren: „Geht hinter ihm her durch die Stadt und erwürgt! Euer Auge soll nicht verschonen, und ihr dürft euch nicht erbarmen. Tötet, vernichtet Greise, junge Männer und Jungfrauen, Kinder und Frauen! Von denen aber, die das Zeichen tragen, rührt niemanden an! Und bei Meinem Heiligtum sollt ihr anfangen."**

Durch die abgefallenen Priester und ihre Mithelfer ist der Gräueldienst ganz besonders eingeführt worden, wie es in Hesekiel Kapitel 8 ausführlich beschrieben wird. Da waren sogar Götzen in den Tempel gebracht worden. Deshalb sollte das Gericht beim Heiligtum anfangen. Das Gericht beginnt also am Hause Gottes.

Und auch heute sehen wir, dass in „frommen" Kreisen Gräueldinge eingeführt worden sind, gotteslästerliche Dinge: Beim Christival z. B. war vor einigen Jahren eine „Jesus-Lachparade" veranstaltet worden mit „Teilnahme von Jesus Christus", so wurde behauptet. Aber Jesus war bestimmt nicht dabei. Dort haben sie sich über Gott und Menschen lustig gemacht. Jetzt haben wir gotteslästerliche Bibelverfälschungen, (Übersetzungen kann man so etwas nicht nennen), wie z. B. die

„Volxbibel“ in Gossen- und Fäkalsprache, die neuheidnisch-feministische „Bibel in gerechter Sprache“, verschiedene Sektenbibeln und Ähnliches. Es wird bestimmt noch so manches andere kommen. Das sind Dinge, die noch vor mehreren Generation unvorstellbar gewesen wären.

Gott spricht deshalb heute wie damals: **„Bei Meinem Heiligtum sollt ihr anfangen“**. Hesekiel 9,7: **Da fingen sie bei den Ältesten an, die vor dem Tempel waren. Und ER sprach zu ihnen: „Verunreinigt das Haus und füllt die Höfe mit Erschlagenen! Geht hinaus!“ Und da gingen sie hinaus und erwürgten in der Stadt.**

Aber die Versiegelten, diejenigen, die das Zeichen Gottes trugen, wurden nicht angetastet. Es gab zu dieser Zeit noch Treue, die symbolische Vollzahl von 7.000, wie zur Zeit des Propheten Elia, die ihre Knie nicht vor den Götzen gebeugt haben. Und diese Treuen gibt es auch heute! Aber es sind leider nur Wenige, denn der Weg ins Himmelreich ist schmal, sagt uns der HERR Jesus (Mt. 7,13f). Es ist ein Weg, auf dem nur Wenige wandeln, nicht die große Masse.

Was bedeutet 144.000?

Nun betrachten wir ausführlicher die Verse 4–8 aus Offenbarung 7: **Und ich hörte die Zahl der Versiegelten: 144.000 Versiegelte aus allen Stämmen der Kinder Israels ...**

144.000 = 12 x 12 x 1.000

Die Zahl 12 hat eine vielfache Bedeutung:

- Die 12 Stämme Israels, die ja dann auch ausdrücklich folgen
- Die 12 Apostel als Repräsentanten der Stämme Israels im Neuen Bund

Es ist eine Potenzierung (Steigerung) der Zahl 12, also eine vollkommene Zahl von Geretteten. Das wird durch die Multiplizierung der 12 mit sich selbst deutlich. Die Zahl 1.000, der letzte Multiplikationsfaktor hat die Bedeutung von einer großen Menge, einer Vielzahl. Deshalb spricht man auch vom Tausendjährigen Reich, ein Reich noch nie da gewesenen Segens, noch nie da gewesener Fülle und Herrlichkeit. Und weil hier solche Vollkommenheitszahlen genannt werden, gehe ich davon aus, dass sie in diesem Fall als Symbolzahlen zu sehen sind, die einfach eine Vollkommenheit der Versiegelten aus den Stämmen Israels zum Ausdruck bringen.

Es gibt Gruppen und Sekten, wie etwa die Zeugen Jehovas, die die Auslegung genau umgekehrt vornehmen und diese Zahl wörtlich nehmen, aber sie dann nicht auf Israel beziehen, sondern auf die eigene Sekte. Es sind dann also 144.000 besonders zubereitete Zeugen Jehovas, wird dann gesagt. Aber sie erkennen nicht, dass hier eine Vollkommenheitszahl vorliegt und dass es sich dabei folglich um eine symbolische Zahl handelt.

Die Vollzahl der Geretteten aus Israel

Jetzt kommen wir ausführlicher zu der schwierigen und oben bereits angeschnittenen Frage: Handelt es sich hierbei nur um erlöste Israeliten oder sind auch Heidenchristen dabei? Ich persönlich denke, dass dadurch, dass nachher die große Schar aus allen Nationen beschrieben wird, hier ganz bewusst zwei Gruppen unterschieden werden. Auch die große Schar aus allen Nationen ist versiegelt, gemäß Epheser 1,13ff, weil sie auch gläubig an Jesus Christus geworden sind, aber es werden die zum Glauben an Jesus Christus gekommenen Israeliten hier besonders zum Ausdruck gebracht. Gott will zeigen: „Ich habe Mein Bundesvolk des Alten Testaments, der Hebräischen Bibel nicht vergessen." Der dort erwähnte Rest wird noch zum Glauben kommen.

Es sind aus Israel nicht so viele wie bei dieser unzählbaren Schar, aber doch eine gewaltige Zahl, die vollkommene Restgemeinde, die sich aus Israel bekehren wird. Es ist immer wieder der Rest, den der HERR durchbringt, so wie schon im Alten Testament, weil die anderen ungehorsam waren. Aber dieser Rest wird zum Ziel gelangen, weil sie den Messias, Jesus Christus, erkannt und angenommen haben - 12 x 12 x 1.000 - eine Vollkommenheit der Bekehrten aus Israel!

Eine wichtige Auslegungsregel lautet: Solange es keinen zwingenden Grund gibt, sollten wir Dinge, die wörtlich in der Bibel stehen, nicht symbolisch umdeuten. Wenn hier ausdrücklich die Stämme Israels sogar einzeln aufgeführt sind, ist das für mich ein unübersehbarer Hinweis darauf, dass es auch wirklich bekehrte Israeliten sind und niemand anderes.

Es wird ja immer wieder die so genannte Substitutionstheorie (Ersatztheorie) vertreten, die besagt, dass Israel keine Heilsbedeutung mehr habe und dass die aus den Heiden bekehrte Gemeinde an die Stelle Israels getreten sei. Das kann ich so nicht sehen. Auch Israel hat, wenn sich dieser Rest aus Israel bekehrt, eine Heilsbedeutung. Und genau das wird hier verdeutlicht, indem diese Stämme einzeln ausdrücklich nacheinander aufgezählt werden. Dies ist ein ganz klarer Hinweis: Das müssen wir wörtlich nehmen, denn es sind wirklich die Bekehrten aus den Stämmen der Kinder Israels, die versiegelt sind, um durch die antichristliche Zeit hindurch zu kommen. Es handelt sich dabei - wie schon erwähnt - wahrscheinlich um eine symbolische Vollzahl und keine exakte Zahl, aber eben eine überschaubare Menge von Versiegelten aus Israel.

Besonderheiten bei der Aufzählung der Stämme

Wenn wir die Verse 5-8 im Einzelnen betrachten, bemerken wir einige Unterschiede zu den Stammesaufzählungen des 1. Buches Mose im Alten Testament. Wir sehen zunächst einmal, dass nicht Ruben, der Erstgeborene Israels oder Jakobs vorangestellt ist, sondern Juda. Das hat den Grund, dass Juda an die Stelle von Ruben getreten ist, weil Ruben eine blutschänderische Tat begangen hat, wie sie in 1. Mose 35,22 geschrieben steht. Ruben hatte mit der Nebenfrau seines Vaters das Bett bestiegen, eine inzestuöse Handlung. In 1. Mose 49 bei der Segenszuteilung für die einzelnen Stämme wird deutlich, dass auf Ruben nicht die Verheißung des Erstgeborenen fällt. Er wird zwar nicht verflucht, aber er wird zurückgestuft. Auch Schimeon und andere haben schlimme Dinge getan, bis hin zur

Auslöschung eines ganzen Stammes, einer Bluttat (1. Mose 34). Deshalb ist Juda, der Löwe aus Juda an die erste Stelle Rubens getreten. Der HERR Jesus kommt ja auch aus dem Stamm Juda. Es ist der Königsstamm, der Fürstenstamm. **„Aus dir soll Der hervorgehen, der Mein Volk zur Erlösung führt"**, so wird es im Alten Testament immer wieder zum Ausdruck gebracht. Juda wird vorangestellt. Und dann kommt erst Ruben, an zweiter Stelle.

Die weiteren Stämme möchte ich jetzt nicht im Einzelnen betrachten. Allerdings, wer sich mit den Stämmen Israels auskennt, dem fällt Folgendes auf: Es fehlt ein Stamm, und dafür ist ein anderer doppelt erwähnt. Es fehlt der Stamm Dan, und Josefs Stamm wird zwei Mal erwähnt. Es wird hier zwar Josef genannt, aber wir wissen aus 1. Mose 48, dass die Söhne Josefs, die in Ägypten geboren wurden, Ephraim und Manasse heißen. Dadurch, dass der Stamm Dan ausfällt, wird der Stamm Josefs verdoppelt, indem der Stamm Josef und der Stamm Manasse aufgezählt werden. Der Stamm Josef kann auch Ephraim genannt werden, infolge seines anderen Sohnes. Aber hier wird Ephraim nicht genannt, sondern nur der Stamm Josef (in Vers 8) und der Stamm Manasse (in Vers 6) und ganz am Schluss Benjamin, als Rahels Letztgeborener.

Warum fehlt der Stamm Dan?

Dan heißt auf Deutsch „Richter". Warum fehlt gerade dieser Stamm? Im Buch Richter ist eine Erklärung dafür vorhanden, in den Kapiteln 17 und 18. Da wird das götzendienerische Verhalten dieses Stammes Dan deutlich zum Ausdruck gebracht.

Ich möchte dies kurz zusammenfassen: Ein Mann vom Bergland Ephraim namens Micha hatte Geld bekommen, 1.100 Silberlinge. Davon hat er sich ein gegossenes Bildnis gemacht. Nun heißt es aber in 2. Mose 20 bei den 10 Geboten: **„Du sollst dir kein Bildnis machen"**. Aber dieser Micha hat Götzendienst praktiziert. Er hat sich Bilder gegossen und diese sicher auch verehrt. Und dann hat er noch etwas getan, was nicht richtig ist: Er hat einen Leviten aus dem Geschlecht Juda als Hauspriester gehalten. Und dann heißt es in Richter 17,12–13: **Und Micha weihte den Leviten, damit der junge Mann ihm als Priester diente, und er blieb in Michas Haus. Und Micha sprach: „Nun weiß ich, dass der HERR mir Gutes tun wird, weil ich einen Leviten als Priester habe."**

Ein solch götzendienerischer Glaube an gegossene Bilder und an Menschen mit magischer Ausstrahlung, das ist die typische Form von Rückfall in den Götzendienst. In Richter 18 steht weiter, dass sich der Stamm der Daniter ein Erbteil suchte. Sie kamen nach Lajisch, das liegt ganz im Norden von Israel, und haben den Stamm, der dort lebte, überfallen und erobert. Später hieß dieser Stamm auch Dan. Auf dem Weg dorthin durchquerten sie das Land Ephraim und kamen zum Haus des Micha. Sie nahmen sein geschnitztes Bildnis, das Efod und die Terafim und das gegossene Bild an sich (Richter 18,17). Sie haben all diese götzendienerischen Gegenstände mitgenommen und sich dadurch den Sieg erhofft.

Und dann lesen wir in Richter 18,24: **Micha sagte: „Meine Götter, die ich gemacht habe, habt ihr mir weggenommen und den Priester dazu und seid weggezogen! Was bleibt mir noch?"**

Schrecklich, dieser Götzendienst! Micha hatte Angst, dass jetzt sein Schutz und sein Segen von ihm genommen waren, und die Daniter verließen sich von da an darauf. Dan war also ein götzendienerischer Stamm. Das ist eine Erklärung, warum dieser Stamm, der ja „Richter" heißt gemäß dem Buch Richter 17 und 18, bei der Aufzählung der Stämme in Offenbarung 7 fehlt.

Viele Ausleger haben eine andere Erklärung, die auch nicht von der Hand zu weisen ist. Sie weisen darauf hin, dass aus dem Stamm Dan der Antichrist hervorgehen könnte. Wie kommt man auf diese Behauptung? Dazu zwei Bibelstellen:

Es war im Paradies zu dem Zeitpunkt, an dem Adam und Eva bereits gefallen waren: 1. Mose 3,15: **„Ich will Feindschaft setzen zwischen dir** (der Schlange) **und der Frau, zwischen deinem Samen und ihrem Samen** (Samen steht in der Einzahl und damit ist Jesus Christus gemeint). **Er wird dir den Kopf zertreten, und du wirst Ihn in die Ferse stechen."**

Hier ist auch der Mensch allgemein gemeint und der Feind, der uns immer wieder versucht: Der Mensch wird der Schlange den Kopf zertreten. Im geistlichen Überwindersinn wird aber allein der Messias, der Same der Frau, der kommen wird, der Schlange (Satan) den Kopf zertreten und ihn durch Sein stellvertretendes Sühnopfer am Kreuz besiegen.

Was lesen wir bei der Aufzählung der Stämme in 1. Mose 49 über den Stamm Dan? 1. Mose 49,16: **Dan wird sein Volk richten als einer der Stämme Israels.** (Das ist auch im Buch Richter nachzulesen). **Dan wird eine Schlange am Weg sein, eine Otter auf dem Pfad, die das Ross in die Ferse beißt, so dass der Reiter rückwärts stürzt. „Oh HERR, ich warte auf dein Heil!"**

Dieser Ausruf findet sich nur bei Dan. Diesen Gebetsruf stößt der Stammvater Jakob oder Israel verzweifelt aus, als Dan genannt wird. Warum gerade bei Dan und warum Dan als Schlange? Und warum fehlt der Stamm Dan in Offenbarung 7?

Jedenfalls ist da etwas Unheimliches um den Stamm Dan

- Götzendienst
- Okkultismus
- Dämonie

Und - aber das ist eine Spekulation - es kommt möglicherweise der Antichrist aus diesem Stamm Dan. Es ist auf jeden Fall ein Stamm, der keine gute Entwicklung genommen hat, so viel steht fest.

Wer gehört zur großen Schar der Erlösten?

Jetzt kommen wir zu Vers 9, der Schilderung der großen Schar. **„Nach diesem sah ich, und siehe, eine große Schar, die niemand zählen konnte, aus allen Nationen und Stämmen und Völkern und Sprachen, die standen vor dem Thron und vor dem Lamm, bekleidet mit weißen Kleidern, und Palmzweige waren in ihren Händen."**

Zur großen Schar zählen mit Gewissheit diejenigen, die aus der großen Drangsal kommen (siehe Vers 14). Aber bestimmt werden auch all die anderen, die um des Glaubens an

Jesus willen getötet werden, die Jesus treu geblieben sind, dabei sein - die ganze Gemeinde der Geretteten aus allen Jahrhunderten und Jahrtausenden. Alle werden sie einmal vor dem Thron und dem Lamm stehen mit weißen Kleidern, alle, die durch das Blut des Lammes gereinigt sind.

Es ist interessant, dass bei den Stämmen Israels von einer überschaubaren Zahl gesprochen wird, auch wenn es eine symbolische Vollzahl sein dürfte. Aber hier nun heißt es ausdrücklich: **„eine Schar, die niemand zählen konnte"**. Gott kann sie sicherlich trotzdem zählen, aber sie wird so groß sein, dass ein Mensch sie nicht zählen kann. Deshalb denke ich, dass es nicht nur die Schar ist aus der begrenzten Zeit der 70. Jahrwoche nach Daniel 9, die ja nur 7 Jahre umfasst, sondern dass sie sich sicher aus allen Generationen der Christenheit zusammensetzt, eine Schar, die sehr groß ist, vom ersten Jahrhundert bis zur Wiederkunft unseres HERRN in Herrlichkeit. Es sind wahrscheinlich Abermillionen von Menschen. Aber wir wollen nicht anfangen, sie aufzuzählen, weil das kein Mensch fertig bringen würde. Es muss jedenfalls eine riesige Versammlung sein.

Das ist wahrlich ein Blick in den Himmel, in die himmlische Herrlichkeit. Es ist hier die Rede vom Thron Gottes, und der steht im Himmel und nirgendwo anders. Es wird ausdrücklich gesagt: **„aus allen Nationen, Stämmen, Völkern und Sprachen"**. Die Weltmission wird zu ihrem Ende kommen und alle Stämme und alle Sprachen erreichen. Deshalb sind auch Bibelübersetzungen und Evangeliumsverkündigung in allen Ländern, in allen Sprachen dieser Erde sehr wichtig. Wir wollen das nach Kräften unterstützen und dafür beten. Es ist schon sehr viel erreicht worden. Wir wissen, dass die gesamte Bibel zur Zeit in fast 400 Sprachen übersetzt ist, Teile der Bibel, das Alte und das Neue Testament als solche in 2.500-3.000 Sprachen. „Gospel Recordings", eine Missionsgesellschaft, verkündigt das Evangelium durch gesprochene und auf Speichermedien wiedergegebene Botschaften in bereits weit über 5.000 Sprachen. Man schätzt, dass es insgesamt über 6.000 Sprachen gibt. Es ist also schon sehr viel erreicht.

Und diese große Schar aus allen Stämmen, die niemand zählen konnte, steht vor dem Thron Gottes des Vaters und vor dem Lamm. Der Sohn sitzt zur Rechten des Vaters. Jesus ist Gott.

Kein Geschöpf, kein Engel hat diese Würde, dass sich die anderen vor ihm verneigen, so wie es hier nachher geschehen wird. Das Lamm, der Sohn Gottes, wird im gleichen Zusammenhang wie der Vater genannt. Die Schar, die dort steht, ist mit weißen Gewändern bekleidet, das heißt, sie sind durch das Blut des Lammes, unseres HERRN Jesus Christus rein gewaschen. Sie tragen Palmzweige in ihren Händen. Wo begegnen uns diese Palmzweige noch? Beim Einzug Jesu in Jerusalem. Damals riefen die Menschen zunächst: „Hosianna dem Sohn Davids!" Doch ein paar Tage später schrieen die meisten: „Kreuzige ihn!" Oft lassen sich ja Menschen sehr schnell umstimmen. Sie haben einen Heilskönig erwartet, der die Römer wegfegt. Als aber Jesus einen anderen Weg ging und am Ende sich sogar ans Kreuz hat schlagen lassen, haben Seine eigenen Jünger Zweifel bekommen. Als sie den Auferstandenen gesehen haben, heißt es, dass etliche zweifelten, und doch wurden die Zweifel überwunden. Sie erkannten, dass Er wirklich auferstanden war. Und Er wird wiederkommen in Herrlichkeit, zu richten die Lebenden und die Toten. Dann werden nur wirklich Gerettete, Reingewaschene durch das Blut des Lammes versammelt sein. Es ist eine unzählbare Schar - keine überschaubare Schar wie damals, als der HERR in Jerusalem einzog.

Der Sohn lässt sich vom Vater nicht trennen

Und sie riefen mit lauter Stimme und sprachen: „Das Heil ist bei unserem Gott, der auf dem Thron sitzt, und bei dem Lamm!"

Vater und Sohn - allein im Sohn haben wir den Vater, und wer den Sohn leugnet, der hat auch den Vater nicht. Der Antichrist ist es aber, der den Vater und den Sohn leugnet. Das ist ein deutlicher prophetischer Hinweis auf solche Religionen und Sekten, die bestreiten, dass Jesus Gottes Sohn ist. 1. Johannesbrief 2,22: **Wer ist der Lügner, wenn nicht der, der leugnet, dass JESUS der Gesalbte ist? Der ist der Antichrist, der den Vater und den Sohn leugnet.**

Das Lamm lässt sich nicht vom Vater trennen. Jesus lässt sich nicht von Gott trennen, Er ist Gott, der Sohn. Auch der Heilige Geist ist Gott, aber Er vertritt uns im Gebet mit unaussprechlichem Seufzen. Es heißt nirgendwo in der Bibel, dass wir den Heiligen Geist anbeten sollen, aber es heißt, dass uns der Geist im Gebet mit Seufzen vertritt (Römer 8,26). Wir sollen den Vater und den Sohn anbeten.

Das Heil ist bei unserem Gott und bei dem Lamm. Allein in Ihm ist Erlösung. Es gibt keinen anderen Weg zum Vater, außer durch den Sohn Jesus Christus. Johannes 14,6: **Es sagte Jesus zu Thomas: „Ich bin der Weg, die Wahrheit und das Leben. Niemand kommt zum Vater, außer durch Mich."**

Offb. 7,11: **„Und alle Engel standen ringsum um den Thron und um die Ältesten und die vier lebendigen Wesen und fielen vor dem Thron auf ihr Angesicht und beteten Gott an."**

Man muss sich einen Thronstaat vorstellen: in der Mitte der Thron Gottes und des Lammes und außen herum die 24 Ältesten und die 4 lebendigen Wesen, die Engelwesen. Und all diese menschlichen und engelhaften Wesen haben nun Gott angebetet, und zwar im Vater und im Sohn.

Sie sprachen: **„Amen"**, das heißt „wahrhaftig". Jetzt ist es eingetroffen. Jetzt ist es erfüllt. Es ist also bereits eine Vorwegnahme der Vollendung von denen, die durch alle Gerichte schon ans Ziel gelangt sind.

Sieben Eigenschaften Gottes

Und sie beteten Gott an und sprachen: Vers 12: **„Amen. Lob und Herrlichkeit und Weisheit und Dank und Ehre und Macht und Stärke gebührt unserem Gott von Ewigkeit zu Ewigkeit. Amen."** Es sind sieben Eigenschaften und Zueignungen Gottes, die hier genannt werden:

- Lob
- Herrlichkeit
- Weisheit
- Dank
- Ehre
- Macht
- Stärke

Wir haben auch hier wieder die Zahl der Vollkommenheit. Es werden 7 Eigenschaften Gottes genannt. Eine göttliche Zahl ist ja auch die 3: beruhend auf der Tatsache, dass sich Gott als Vater, Sohn und Heiliger Geist offenbart. Auch wenn sich der Begriff der Dreieinigkeit in der Bibel nicht findet, die Tatsache befindet sich auf jeder Seite.

- Lob heißt, dass nur Gott allein zu loben ist.
- Herrlichkeit bedeutet, dass Seine Majestät zum Ziel kommt

- Weisheit findet sich allein bei Ihm in ihrer Vollkommenheit, Weisheit, die alle menschliche Klugheit unendlich überragt
- Dank: Wir schulden letztendlich allein Gott Dank und keinem Menschen. Er hat am Kreuz auf Golgatha alles vollbracht.
- Ehre: sie verdient nur Er und nicht irgendwelche menschlichen Herrscher
- Macht ist bei Ihm, Seinen Sieg durchzusetzen
- Stärke, das heißt unüberwindliche Kraft gegen alle Feinde, die sich Ihm einmal zu Füßen vor Seinen Thron niederwerfen müssen

Philipper 2,9-11: **Deswegen hat Gott Ihn auch über alle Maßen erhöht und Ihm den Namen über jeden Namen geschenkt, damit im Namen Jesu sich jedes Knie der Himmlischen, der Irdischen und Unterirdischen beuge und jede Zunge bekenne, dass Jesus Christus der HERR ist zur Ehre Gottes, des Vaters.**

Auch diejenigen müssen vor Ihm auf die Knie gehen, die es nicht gewollt haben. Alle Feinde werden sich vor Ihm verbeugen müssen, allerdings werden sie es mit Heulen und Zähneklappern tun. Und diejenigen, die zu Ihm gehören - und ich hoffe, das sind wir alle, die wir dies schreiben oder lesen - wir werden Ihn anbeten und Ihm dienen.

Die Überwinder aus der großen Drangsal

Ab Vers 13 finden wir einen bemerkenswerten Einschub: Vers 13: **Und einer von den Ältesten** (von den 24 Ältesten) **ergriff das Wort und sprach zu mir** (zu Johannes): **„Wer sind diese, die mit weißen Kleidern bekleidet sind, und woher sind sie gekommen?"**

Ich denke, dieser Älteste hat es gewusst. Es wird sich ja auch gleich klären. Aber er will es von Johannes hören. Johannes soll sich selber Gedanken machen: „Wer könnten denn diese sein?" Und Johannes gibt diese Frage zurück und sagt dazu: **„Herr, du weißt es"**. Wir wollen jetzt nicht darüber spekulieren, ob es Johannes wusste oder nicht oder ob er nur so getan hat. Ich denke, er hat es wirklich nicht erkennen können. Denn er war so überwältigt von diesem Anblick. Diese riesige Schar in ihren leuchtend weißen Kleidern muss eine herrliche Schau gewesen sein, die Gott ihm geschenkt hat. Und Johannes möchte es von dem Ältesten, der da vor dem Thron Gottes steht, hören. Dieser gibt ihm auch die Antwort:

Vers 14: **Und er sprach zu mir: „Das sind die, welche aus der großen Drangsal kommen, und sie haben ihre Kleider gewaschen, und sie haben ihre Kleider weiß gemacht in dem Blut des Lammes."**

Die „große Drangsal" nach Daniel 12,1 ist ein stehender Begriff für letzte, 70. Jahrwoche mit einer besonderen Bedrückung durch den Antichristen. Aber es findet sich auch eine große Drangsal heute, wo gläubige Christen um ihres Glaubens an unseren HERRN Jesus Christus willen das Martyrium erleiden müssen.

„Sie haben ihre Kleider gewaschen, und sie haben ihre Kleider weiß gemacht in dem Blut des Lammes."

Es mag manches paradox klingen in der Johannesoffenbarung. Wie kann man denn Kleider in Blut weiß waschen? Aber das ist göttliche Weisheit. Das Blut reinigt uns auf übernatürliche Weise. Es zeigt uns, dass dies ein Bild ist für das Opfer Jesu Christi auf Golgatha, indem wir an Ihn glauben, der stellvertretend für uns alles bezahlt hat, dass Er Sein Leben für uns, für deine und meine Sünden in den Tod gegeben hat. Dadurch werden wir befreit, rein gewaschen und für den Tag des HERRN zubereitet - allein dadurch.

Dem HERRN dienen, ist Freude

Vers 15: **„Darum sind sie vor dem Thron Gottes und dienen ihm Tag und Nacht in Seinem Tempel."**

Das muss herrlich sein, wenn wir Gott dienen dürfen und nicht mehr menschlichen Arbeitgebern, die uns manchmal ungerecht behandeln. Ich will jetzt nichts gegen Arbeit sagen. Aber viele Arbeitgeber zahlen einen zu schlechten Lohn und beuten ihre Leute aus. Ich kenne Freunde, die müssen noch und noch Überstunden machen, bis sie nicht mehr können. Und dann werden sie entlassen. Ich kenne solche Fälle. So etwas wird es im Himmel nicht geben. Gott wird der gerechteste HERR aller Zeiten sein. Es wird nicht langweilig sein. Es wird im Reich Gottes immer etwas zu tun und zu lernen geben. Manche stellen sich ja vor, dass man da ewig auf Wolke Sieben schwebt. So ist es nicht. Es wird endlich die Zeit sein, in der wir alles das dazu lernen können und das tun können, wozu unsere Erdenzeit hier nicht ausgereicht hat. Hier auf Erden kann jeder Mensch in der Regel nur einen Beruf lernen. Und man denkt: „Jetzt habe ich Theologie studiert" - so wie in meinem Fall - „aber ich kenne mich überhaupt nicht aus in Mathematik, Physik oder auf anderen Gebieten." In der himmlischen Herrlichkeit werden wir aber alles verstehen können. Wir werden Gott mit den Gaben, die Er uns schenkt, dienen können.

Gott, das wahre Licht

Vor allem wird unser Leib nicht mehr Krankheiten ausgesetzt sein und all dem Leid und den Tränen, wie heute. Das lesen wir auch im Zusammenhang hier. Denn da heißt es so wunderbar: **„Und Der auf dem Thron sitzt, wird Sein Zelt aufschlagen über ihnen."**

Hier erscheint wieder die Hütte Gottes, die Stiftshütte aus dem Alten Testament, die Gegenwart Gottes. Das heißt, Gott

wird mitten unter uns wohnen. Vers 16: **Und sie werden nicht mehr hungern und nicht mehr dürsten, auch wird sie die Sonne nicht treffen noch irgendeine Hitze.** Wir werden keine natürliche Sonne mehr brauchen, die ja auch Schaden verursacht, wie Hautausschläge und Krebs, zumal der Mensch selbst die Atmosphäre zerstört. Nein, Gott wird eine „Sonne", ein solches Licht sein, welches uns

- Gesundheit
- Kraft
- Reinheit
- Freude

schenkt, ein Licht, das unseren Leib und unsere Seele aufhellt. Hier ist natürlich unser Auferstehungsleib gemeint. Es wird ein angenehmes Licht sein und kein gefährliches. Natürlich ist auch unsere Sonne schon wunderbar. Ich möchte sie gar nicht negativ darstellen. Aber wenn man zuviel Strahlung erhält, entsteht Sonnenbrand mit allen Folgen. Wer in südlichen Ländern wohnt oder gar in der Wüste, der weiß, dass die Sonne eine große Plage sein kann, wenn man ihr zuviel ausgesetzt ist. Deshalb laufen Araber mit dichten Kleidern herum. Wenn Touristen aus nördlichen Ländern in den Süden reisen, meinen sie, sie müssten so viel Haut wie möglich freisetzen, damit sie schön braun werden. Aber die Leute, die dort ständig wohnen, schützen ihre Haut vor der Sonne, weil sie gefährlich ist.

Lebendiges Wasser

Vers 17: **Denn das Lamm, das inmitten des Thrones ist, wird sie weiden und sie leiten zu lebendigen Wasserquellen, und Gott wird abwischen alle Tränen von ihren Augen.**

Die Sonne wird die Erlösten in den weißen Kleidern nicht mehr treffen noch irgendeine Hitze, denn das Lamm, das inmitten des Thrones ist, der Herrscher und der Sieger, wird sie weiden und zu lebendigen Wasserquellen leiten. „Inmitten des Thrones" heißt, dass das Lamm wieder ganz im Vater ist, wieder im Schoß des Vaters, von dem es ausgegangen ist. Der

Sohn Jesus Christus gehört ganz zum Vater und lässt sich nicht von Ihm trennen.

- Er ist inmitten des Thrones.
- Er thront als der Herrscher.
- Er herrscht als der Sieger

Es sind keine stinkenden Zisternen, die Gott Seinen Kindern anbietet, keine fauligen Wasserfässer, sondern lebendige Wasserquellen, die niemals versiegen. Das ist ein Vorausblick auf Offenbarung Kapitel 21 und 22. Da wird dieses lebendige Wasser noch viel ausführlicher beschrieben, das niemals damit aufhört, unseren Durst zu löschen. Es wird in Fülle vorhanden sein, es wird keine Trockenzeit geben und kein Verdursten. Irdischer Durst wird gelöscht durch irdisches Wasser. Aber dadurch, dass Jesus ja selbst das Wasser des Lebens ist, wird auch unser seelischer Durst gelöscht. Wir werden keine Depressionen mehr haben, keine innere Verfinsterung mehr erleben müssen und kein Leid.

„Und Gott wird abwischen alle Tränen von ihren Augen." Wir werden getröstet sein über das Leid, das wir hier auf Erden erleben mussten, über alle Ungerechtigkeit. Gott wird selbst für die Durchsetzung Seiner Gerechtigkeit sorgen. Es ist eine scheinbare Paradoxie, wenn es hier heißt: „Das Lamm wird sie weiden". Man stelle sich eine Schafherde vor. Da weidet doch normalerweise der Hirte die Lämmer. Aber hier ist Jesus gleichzeitig das Lamm und der Hirte. Es klingt paradox, aber das ist bei Gott kein Gegensatz, keine Paradoxie. Jesus, das Lamm, das für uns geopfert ist, ist gleichzeitig der Hirte, der die Schafe weidet und bewahrt, damit der Feind, der böse Wolf nicht über sie herfällt und sie verdirbt. Er bewahrt uns, so dass der Teufel nicht den Sieg behält, sondern Jesus Christus in Seiner Herrlichkeit.

Psalm 23 (Schlachter-Bibel): **Ein Psalm Davids: Der Herr ist mein Hirte, mir wird nichts mangeln. Er weidet mich auf grünen Auen und führet mich zu stillen Wassern. Er erquickt meine Seele, Er führt mich auf rechter Straße um Seines Namens willen. Und wenn ich auch wanderte im finsteren Todestal, so fürchte ich kein Unglück, denn Du bist bei mir. Dein Stecken und Dein Stab, die trösten mich. Du bereitest**

vor mir einen Tisch angesichts meiner Feinde. Du hast mein Haupt mit Öl gesalbt, mein Becher fließt über. Nur Güte und Gnade werden mir folgen mein Leben lang, und ich werde bleiben im Haus des HERRN immerdar.

Ich schließe mit drei Fragen an uns:

- Sind wir rein gewaschen durch das Blut Jesu Christi, so dass wir einmal vor dem Thron Gottes und des Lammes stehen dürfen?
- Möchten wir zu dieser Schar gehören, die vor dem Thron Gottes und des Lammes steht?
- Werden wir mit Freuden trinken von dem lebendigen Wasser, das vom Thron Gottes fließt?

Ich wünsche es jedem von uns.

Wir beten: *Lieber HERR Jesus Christus, danke, dass Du Dein kostbares Blut am Kreuz auf Golgatha für uns vergossen hast. Wir wollen dies dankbar im Glauben zur Sühnung unserer Sünde in Anspruch nehmen. Danke, dass Du uns durch Deinen Heiligen Geist versiegelt hast, als wir gläubig wurden. Halte uns bitte fest an Deiner durchbohrten Hand, damit wir das Ziel, die himmlische Herrlichkeit erreichen und als Überwinderschar Dich loben und preisen und Dir dienen können in Ewigkeit. Amen.*

Hinweis: Das siebte Siegel wird im nächsten Band:
DIE SIEBEN POSAUNEN UND DIE ZWEI ZEUGEN GOTTES
betrachtet, da die sieben Posaunen die Entfaltung des siebten Siegels sind.

Reihe Offenbarung im Samenkorn-Verlag

Verfasser: Dr. Lothar Gassmann

Band 1: Die sieben Sendschreiben. Was der Geist den Gemeinden sagt (Offenbarung 1–3)

Band 2: Die sieben Siegel. Ouvertüre zum Finale (Offenbarung 4–7)

Band 3: Die sieben Posaunen und die zwei Zeugen Gottes (Offenbarung 8–11)

Band 4: Der Antichrist und sein falscher Prophet (Offenbarung 12–13)

Band 5: Die Hure Babylon und die Schalen des Zorns (Offenbarung 14–18)

Band 6: Das Tausendjährige Reich. Jesus Christus herrscht als Sieger (Offenbarung 19–20)

Band 7: Die himmlische Herrlichkeit und die Vollendung der Gläubigen (Offenbarung 21–22)

Weitere Bücher von Lothar Gassmann

Lothar Gassmann

Die sieben Sendschreiben
Was der Geist
den Gemeinden sagt

ISBN 978-3-936894-79-0

Die sieben Sendschreiben sind das Vermächtnis Jesu Christi an Seine Gemeinde. Ihr Inhalt ist hochaktuell: Rückkehr zur ersten Liebe, Warnung vor Verführung, Aufwachen aus geistlichem Tod und Lauheit, Treue zum Herrn. Ein aufrüttelnder Bußruf, ausgelegt für unsere Zeit!

Lothar Gassmann

Die sieben Posaunen
und die zwei Zeugen Gottes

ISBN 978-3-936894-81-7

Hagel und Feuer, mit Blut vermischt, fallen auf die Erde. Kosmische Katastrophen und das Loslassen dämonischer Mächte kennzeichnen die sieben Gerichtsposaunen Gottes. Doch am Höhepunkt der Trübsalszeit treten zwei gewaltige Zeugen auf. Das Geheimnis der Gemeinde, die Entrückung, wird vollendet.

Lothar Gassmann

Der Antichrist
und sein falscher Prophet

Satan, der Drache, ist wütend, weil er weiß, dass er wenig Zeit hat, um am Ende der Weltgeschichte noch viele zu verderben. Er sendet den Antichristen und seinen falschen Propheten auf die Erde, um sein ökumenisches Einheitsreich zu errichten. Doch die Tage der dämonischen Mächte sind gezählt …

ISBN 978-3-936894-82-0

Lothar Gassmann

Die sieben Siegel
Ouvertüre zum Finale

Nur das Lamm ist würdig, das Buch mit den sieben Siegeln zu öffnen. Damit beginnt das Finale der Weltgeschichte. Doch inmitten der Gerichte und Katastrophen halten die 144.000 Versiegelten aus Israel und die große Schar aus den Nationen Jesus die Treue.

ISBN 978-3-936894-80-6

Lothar Gassmann

Die Hure Babylon
und die Schalen des Zorns

Die Hure Babylon ist die abgefallene Kirche, die sich in der verführerischen Weltökumene mit dem Antichristen einlässt. Dieses Buch beschreibt die Kennzeichen der babylonischen Endzeit-Religion und warnt eindringlich alle Christen davor, auf diese hereinzufallen. Ein Weckruf in letzter Stunde!

ISBN 978-3-936894-83-7

Lothar Gassmann

Das Tausendjährige Reich
Jesus Christus
herrscht als Sieger

Nachdem der Antichrist und sein falscher Prophet besiegt sind, errichtet Jesus Christus Sein herrliches Tausendjähriges Reich. Dieses Buch bringt den Nachweis, dass dieses eine ernst zu nehmende Wirklichkeit ist, die dem Endgericht und der Neuschöpfung von Himmel und Erde vorausgeht. Eine spannende und bewegende Darstellung!

ISBN 978-3-936894-84-4

Lothar Gassmann

Die himmlische Herrlichkeit
und die Vollendung der Gläubigen

„Und ich sah einen neuen Himmel und eine neue Erde". Dieses Buch vermittelt einen Einblick in die unbeschreiblich schöne himmlische Herrlichkeit und erweckt Freude und Sehnsucht, an dieser teilzuhaben. Überwältigender als die goldenen Gassen und die Perlentore wird aber der Anblick Jesu Christi, des Erlösers, sein …

ISBN 978-3-936894-85-1

Lothar Gassmann

Der Jakobusbrief
Seid Täter des Worts,
nicht Hörer allein!

Der Jakobusbrief entfaltet existenzielle Themen für den christlichen Lebensalltag: Anfechtung und Versuchung, Barmherzigkeit und Gerechtigkeit, Armut und Reichtum, Krankheit und Gebet, Absonderung und Zucht der Zunge. Er lädt ein zur Nachfolge Jesu Christi in Wort und Tat. Eine praktische Auslegung mit vielen Anregungen für das persönliche Wachstum im Glauben.

ISBN 978-3-936894-92-9

Lothar Gassmann

Die Zehn Gebote Gottes
Wie können wir danach leben?

Wie können wir in unserer Zeit nach diesen Geboten Gottes leben? Dieses Buch gibt viele hilfreiche und praktische Hinweise für ein echtes Leben als Christ.

ISBN: 978-3-936894-78-3